무속을 다시 묻다

신앙이 아닌 문화로 읽는 한국 무속의 구조와 윤리

무속을 다시 묻다

초판 1쇄 인쇄 2026년 3월 24일
초판 1쇄 발행 2026년 3월 31일

지은이 김주희
펴낸이 김현준
편 집 류석균
디자인 전영진
펴낸곳 소금나무
　　　주소 (07314) 서울시 영등포구 신길로 214, B 101-1호 ㈜시간팩토리
　　　전화 02-720-9696 팩스 070-7756-2000
　　　메일 sogeumnamu@naver.com
　　　출판등록 제2025-000036호(2025.03.11.)

ISBN 979-11-996087-4-0 03380

본 책에 사용된 이미지는 국립중앙박물관(e뮤지엄)의 공공누리 제1유형으로 개방한 저작물을 이용하였으며, 해당 저작물은 e뮤지엄 사이트(www.emuseum.go.kr)에서 무료로 다운받으실 수 있습니다.

소금나무는 ㈜시간팩토리의 출판 브랜드입니다.

신앙이 아닌 문화로 읽는 한국 무속의 구조와 윤리

무속을 다시 묻다

김주회 지음

소금나무

"무속을 믿으십니까?"라는 질문이 틀린 이유

"무속을 믿으십니까?"

이 질문 앞에서 우리 사회는 오랫동안 두 개의 진영으로 갈라져 왔다. 한쪽에서는 무속을 비과학적 미신이라 단정하며 배척했고, 다른 한쪽에서는 절대적 신비와 효험으로 포장하며 옹호했다. 믿는 사람은 미신쟁이로, 믿지 않는 사람은 무지한 자로 서로를 낙인찍으며 대화는 멈췄다. 그 사이에서 무속은 늘 방어하거나 공격받는 대상으로만 존재해 왔다.

그러나 이 질문 자체가 잘못되었다면? 무속이 애초에 '믿음의 대상'이 아니었다면? 무속을 믿느냐, 믿지 않느냐는 질문이 마치 "밥을 믿느냐, 믿지 않느냐?"라고 묻는 것만큼이나 어색한 것이라면?

무속은 오랫동안 하나의 질문 속에 갇혀 있었다. "무속을 믿을 것인가, 믿지 않을 것인가?" 그러나 이 질문은 처음부터 잘못 설정된 것이다. 무속은 믿음의 경쟁 대상이 아니라 우리 사회가 오랜 시간 동안 불안과 위기, 상실과 죽음을 다루어 온 방식이기 때문이다. 신앙은 개인의 자유다. 그러나 문화는 사회적 자산이다.

이 책은 무속을 믿으라고 말하지 않는다. 대신 묻는다. 왜 무속은 '미신'이라는 이름으로만 남게 되었는가? 무속은 실제로 무엇을 해왔는가? 종교도, 과학도 다루지 못했던 어떤 영역을 담당해 왔는가? 그리고 오늘날 무속은 어떤 조건에서 사회적 자산이 될 수 있는가?

무속에 대한 두 가지 오해

무속을 둘러싼 논쟁은 늘 두 극단으로 갈라져 왔다. 그리고 놀랍게도 이 두 극단은 공통의 오류를 가지고 있다. 둘 다 무속을 '믿음의 대상'으로만 다룬다는 점이다.

첫 번째 오해는 무속을 미신으로 규정하는 견해이다. 이는 무속이 과학적으로 증명되지 않는다는 이유로, 혹은 비합리적이라는 이유로 무속을 배척한다. 그러나 이 논리를 따르게 되면 모든 종교는 같은 질문 앞에 서게 된다. 기독교의 부활, 불교의 윤회, 유교의 조상 숭배 역시 과학적으로 증명할 수 없다. 증명되지 않는다는 이유로 배척한다면 인간이 의미를 통해 살아온 역사 자체를 부정하게 되는 것이다.

두 번째 오해는 무속을 절대적 신비와 효험으로 포장하는 견해이다. 이는 무속의 영험함을 강조하며 초자연적 힘의 실재를 주장한다. 그러나 이런 접근은 무속을 검증 불가능한 개인 신앙의 영역으로 가두어 버린다. 무속이 가진 사회적 기능과 문화적 가치, 역사적 의미는 모두 사라지고, 오직 '믿는 자'와 '믿지 않는

자'의 대립만 남게 된다.

두 견해 모두 무속을 제대로 보지 못한다. 무속은 무엇을 믿게 했는가가 아니라 '어떤 상황에서 어떻게 작동했는가'를 봐야 하는 대상이기 때문이다.

무속은 무엇이었는가

무속은 교리를 갖지 않는다. 창시자도 없고, 절대 진리도 없다. 경전이 없고, 통일된 체계도 없다. 그런데도 무속은 사라지지 않았다. 국가 권력의 보호를 받은 적도 거의 없었고, 제도 종교가 되지도 않았다. 오히려 억압받고 금지당하며 미신으로 낙인찍혀 왔다. 그럼에도 재난과 사고, 질병과 사업 실패 그리고 죽음 앞에서 무속은 반복적으로 되살아났다.

그 이유는 단순하다. 무속은 의미를 설명하기보다 지금 이 고통을 어떻게 견딜 것인가를 다루어 왔기 때문이다.

무속에는 분명한 기능이 있었다. 설명할 수 없는 사건 앞에서 사람들이 무너지지 않도록 붙잡아 주는 기능, 상실과 죽음을 공동체의 이야기로 정리해 주는 기능 그리고 삶을 다시 시작할 수 있도록 돕는 전환 의례의 기능이다. 무속은 왜 이런 일이 일어났는지 설명하지 않았다. 대신 이 일을 어떻게 받아들이고 어떻게 다음으로 나아갈 것인지를 다루었다.

아이가 갑작스럽게 죽었을 때, 사업이 무너졌을 때, 원인 모를 질병에 시달릴 때 사람들은 과학적 설명을 원하는 것이 아니었다. 그들은 이 끔찍한 현실을 어떻게든 견디는 방법을 찾았다.

무속은 그 자리에 있었다. 죽은 아이의 넋을 달래는 굿을 통해 부모는 아이를 보낼 수 있었고, 사업 실패의 원인을 조상의 노여움으로 해석함으로써 사람들은 다시 일어설 명분을 찾았다. 질병은 귀신의 장난으로 설명되었고, 그것을 쫓아내는 의례를 통해 환자는 심리적 안정을 얻었다.

이것이 과학적으로 옳은가? 그것은 이 책이 다루는 질문이 아니다. 중요한 것은 무속이 실제로 작동했다는 사실이다. 사람들이 무너지지 않게 했고, 공동체가 다시 회복될 수 있게 했으며, 삶이 계속될 수 있게 했다.

미신이라는 낙인은 어떻게 만들어졌는가

무속이 미신으로 규정된 것은 신앙의 본질 때문이 아니라 권력과 제도의 문제였다. 조선시대 유교 국가는 무속을 국가 제례 질서 밖의 존재로 간주했다. 무속은 통제할 수 없었고, 예측할 수 없었으며, 중앙집권적 질서에 편입되지 않았다. 그래서 배척당했다.

근대화 과정에서는 과학과 합리성이 새로운 권력이 되었다. 식민지 시기 일본은 조선의 민간 신앙을 '미개한 미신'으로 규정하며 통제하려 했다. 해방 이후에도 산업화와 근대화를 추진하던 국가는 생산성과 효율성에 기여하지 않는 문화를 배제했다. 무속은 그 과정에서 계속 미신으로 낙인찍혔다.

미신 규정은 신학적 판단이 아니라 행정과 통치의 결과였다. 국가는 통제할 수 없는 것을 미신이라 불렀을 뿐이다. 무속이 비합리적이어서가 아니라 제도 안에 들어오지 않았기 때문에 미신이 되었다.

이 낙인에는 논리적 오류가 있다. "과학적으로 증명되지 않는다"라는 비판은 모든 종교에 동일하게 적용된다. "비합리적이다"라는 비판은 종교가 본래 합리의 영역이 아니라 의미의 영역이라는 사실을 간과한다. "돈을 요구한다"라는 비판은 성직자 급여나 헌금, 시주와 구조적으로 다르지 않다.

무속을 미신이라 부르는 순간 모든 종교는 미신이 된다. 미신은 믿음의 문제가 아니라 권력의 낙인이기 때문이다.

제3의 시선: 구조와 기능으로 읽기

이 책은 무속을 믿음의 문제가 아니라 구조의 문제로 읽는다. 무속은 무엇을 믿게 했는가가 아니라 어떤 상황에서 어떻게 작동했는가를 묻는 대상이다.

무속의 사후세계관을 예로 들어보자. 무속에서 사람은 죽은 뒤 열시왕(十王) 앞에서 생전의 업을 심판받는다고 믿었다. 죽은 지 7일째 첫 번째 왕을 만나고, 14일째 두 번째 왕을, 이렇게 49일째까지 일곱 번의 심판을 거쳐 저승으로 간다. 그 후 100일째, 1년째, 3년째 추가 심판을 받으며 최종적으로 다음 생의 윤회처가 결정된다.

이것이 사실인가? 죽은 뒤 정말 열시왕이 존재하는가? 이 책은 그런 질문을 하지 않는다. 대신 이렇게 묻는다. 왜 하필 7일, 14일, 49일, 100일, 1년, 3년인가? 왜 이 일정이 제사 주기와 정확히 일치하는가?

답은 명확하다. 열시왕 체계는 죽은 자를 심판하기 위한 것이 아니라 산 자가 죽음을 정리하기 위한 것이었다. 7일마다 제사를 지내며 유족은 죽은 자를 조금씩 보낼 수 있었다. 49일째가 되면 망자는 저승으로 갔다고 여겼고, 유족은 비로소 일상으로 돌아갈 수 있었다. 1년째 기제사, 3년째 탈상을 통해 애도는 완전히 종결되었다.

이것은 처벌의 시스템이 아니라 정리의 시스템이었다. 사후세계는 공포의 공간이 아니라 산 자가 죽은 자를 보내고 삶을 다시 시작할 수 있게 하는 문화적 장치였다.

이 책은 무속을 이런 방식으로 읽는다. 초자연적 효험의 문제로 다루지 않고, 신의 실재 여부를 증명하려 하지 않는다. 대신 무속을 하나의 문화적 시스템, 즉 인간이 극단적 상황을 견디기 위해 만들어 온 의례와 상징, 서사와 윤리의 체계로 분석한다.

무속의 윤리는 어디에 있는가

무속이 문화로 계승되기 위해서는 윤리가 필요하다. 신앙은 개인의 자유이지만 문화로 남기 위해서는 사회적 기준이 있어야 한다. 무속의 윤리는 어디에 있을까?

전통 무속에는 암묵적 규범이 존재했다. 무속인들은 "신은 사람을 묶지 않는다"라고 말했다. "굿은 문제를 끝내는 것이지 관계를 시작하는 것이 아니다"라고도 했다. 의례는 종결되어야 했고, 사람들은 떠날 수 있어야 했다. 만약 굿이 끝나지 않고 계속되면, 무속인이 사람들을 떠나지 못하게 하면 그것은 무속 내부에서도

‘잡신’이나 ‘가짜’로 규정되었다.

이 책은 이런 전통적 윤리를 현대적 언어로 재정립한다. 무속의 윤리는 신의 권위가 아니라 ‘사람의 자유’를 기준으로 삼아야 한다.

무속의 끝은 의존이 아니라 자립이어야 하며, 의례는 문제를 끝내는 것이지 관계를 시작하는 수단이 되어서는 안 된다.

이 책은 다섯 가지 무속 윤리 원칙을 제시한다.

첫째, 비강요 원칙. 신앙과 의례 참여는 전적으로 자발적이어야 하며, 공포와 불행의 예언으로 사람을 협박해서는 안 된다.

둘째, 자립 존중의 원칙. 의례는 종결 가능해야 하며, 반복과 의존 구조를 만들어서는 안 된다.

셋째, 금전 투명성 원칙. 비용은 사전에 고지되어야 하며, 추가 비용을 강요해서는 안 되고, 대출이나 차용, 재산 처분을 유도해서는 절대 안 된다.

넷째, 책임과 명확성 원칙. 의례의 실패를 신도의 믿음이나 정성 부족으로 돌려서는 안 되며, 결과에 대한 윤리적 설명과 책임이 있어야 한다.

다섯째, 외부 전문 영역과의 연계를 존중하는 원칙. 무속은 의료나 법률, 심리 상담을 대체할 수 없으며, 이런 전문 영역과의 연계를 차단해서는 안 된다.

이 다섯 가지 원칙을 지킬 때 무속은 문화로 계승될 수 있다. 윤리가 없는 계승은 미신을 키우고, 윤리가 있는 계승만이 전통문화를 살린다.

무속과 사이비를 구분하는 기준

무속을 논할 때 피할 수 없는 질문이 있다. 무속과 사이비를 어떻게 구분할 것인가?

사이비(似而非)란 겉은 그럴듯하나 실제로는 다르거나 거짓인 것을 말한다. 무속인은 원칙적으로 사이비가 아니다. 우리의 전통 무속은 교주가 없고, 조직이 없으며, 포교 체계가 없다. 또한 신앙을 강요하지 않으며, 일회성 관계를 전제로 한다. 이 구조는 사이비의 조직적 통제 조건과 정반대다.

그러나 무속인이라는 직업 때문이 아니라 행위 때문에 사이비가 될 수 있다. 무속인이 사이비화가 되는 경계선은 명확하다.

"내 말 안 들으면 큰일 난다"라고 위협할 때, 굿을 멈추지 못하게 만드는 구조를 만들 때, 가족과 사회관계를 단절하도록 유도할 때, 재산 처분이나 대출, 차용을 유도할 때 그리고 모든 선택을 신탁으로 대체하게 만들 때 그 순간 무속인은 사이비 행위자가 된다.

이에 이 책은 무속과 사이비를 구분하는 체크리스트를 제공한다. ① 절대 권위 영역, ② 공포와 불안 조장, ③ 금전 착취, ④ 관계 통제, ⑤ 반복과 의존 구조, ⑥ 책임 회피 등 여섯 가지 영역으로 나누어 평가한다. 영역마다 구체적인 판별 항목을 제시하며, 3개 이상 해당하면 주의, 6개 이상 해당할 경우 사이비 구조에 가까운 상태로 판단할 수 있다.

중요한 것은 무속인이라는 정체성이 아니라 통제와 착취의 행위다. 무속인은 사이비가 될 수 있지만, 사이비는 대부분 무속을 가장한다. 무속은 제도 밖의 신앙이기에 사기와 착취 세력이 가장 쉽게 위장하는 외피가 되기도 한다. 그래서 더욱 명확한 윤리 기준이 필요하다.

신앙과 문화의 분리 원칙

이 책의 가장 중요한 제안은 신앙과 문화의 분리 원칙이다. 신앙은 개인의 자유다. 누군가 무속의 신을 믿고, 굿을 통해 위안을 얻으며, 무당의 신탁을 따라 살아간다면 그것은 존중받아야 할 개인의 선택이다. 국가도, 사회도, 그 누구도 그것을 강요하거나 금지할 수 없다.

그러나 문화는 사회의 자산이다. 무속이 축적해 온 의례와 음악, 춤과 서사, 삶과 죽음을 다루는 세계관은 개인의 신앙을 넘어서는 가치를 가진다. 이것은 기록되고 교육되며 공공의 언어로 해석될 수 있다.

신을 믿지 않아도 굿의 구조를 이해할 수 있다. 조상을 섬기지 않아도 상실을 정리하는 의례의 의미를 존중할 수 있다. 사후세계를 받아들이지 않아도 열시왕 체계가 가진 윤리적 상징을 읽을 수 있다.

이 분리 원칙을 통해 무속은 두 가지 경로로 존재할 수 있다. 하나는 개인의 신앙으로서의 무속이다. 이것은 종교의 자유로 보호받으며, 국가가 개입하지 않는다. 다른 하나는 문화 자산으로서의 무속이다. 이것은 무형문화재로 보존되고, 교육되며, 연구되고, 예술로 재해석된다.

일본은 신토(神道)를 종교가 아니라 전통과 관습, 문화로 처리했다. 헌법상 정교분리 원칙을 지키기 위해 신앙성은 제거하고 의례와 상징, 공간만 남겼다. 그 결과 신을 믿지 않아도 신사를 방문하고, 마쓰리에 참여하며, 부적을 구매할 수 있게 되었다.

몽골은 샤머니즘을 민족 정체성의 뿌리로 공식 인정했다. 공산주의 억압 이후 복권과 보호 정책을 병행하면서 실제 샤먼 의례 일부를 공개하되, 관람 가능한 의례를 분리 운영했다. 믿는 사람과 보는 사람을 제도적으로 분리한 것이다.

한국 무속은 일본과 몽골의 중간 지점에 있다. 일본처럼 완전히 비종교화하면 무속의 핵심인 한과 천도, 사후관이 소실된다. 몽골처럼 신앙을 공인하면 종교 갈등과 헌법 문제가 발생한다. 한국에 필요한 것은 '신앙은 개인, 구조는 문화'라는 이중 설계다.

이 책이 다루는 질문들

이 책은 다음과 같은 질문에 답하고자 한다. 무속은 종교인가, 미신인가, 아니면 문화인가? 이 질문에 답하기 위해 제1부에서는 무속이 왜 미신으로 낙인찍혔는지 그 낙인의 역사적 과정을 추적한다. 무속에서 신의 개념이 무엇이며, 왜 무속은 응답이 빠르게 느껴지는지, 신을 믿지 않아도 굿을 이해할 수 있는 이유는 무엇인지 설명한다.

무속의 사후세계관은 처벌의 논리인가, 정리와 치유의 논리인가? 제1부 3장에서는 열시왕 체계를 상세히 분석한다. 각 전(殿)에서 다루는 죄목과 형벌, 심판 일정을 살펴보되, 이것을 공포 장치가 아니라 사회적 이행 의식으로 재해석한다.

무속과 사이비는 어떻게 구분할 수 있는가? 제2부에서는 무속, 제도 종교, 사이비의 구조적 차이를 명확히 한다. 사이비 판별 체크리스트를 제공하며, 무속 전용 체크리스트도 별도로 제시한다. 무속인이 사이비화되는 경계선이 어디인지, 어떤 행위가 문제인지 구체적으로 밝힌다.

무속은 어떻게 작동했는가? 제2부 5장에서는 무속의 위기 대응 시스템을 해부한다. 치유, 사회 통합, 전환 의례, 위기 대응의 네 가지 기능을 분석하고, 굿의 구조를 현대적으로 해석한다. 무속의 사회적 공헌도를 역사적, 현대적 관점에서 평가한다.

무속은 어떤 조건에서 공공 영역에 들어올 수 있는가? 제3부에서는 실천적 제안을 한다. 무속 윤리 가이드라인을 제시하고, 무속을 전통문화로 만드는 정책을 제안한다. 일본과 몽골의 사례를 비교 분석하며, K-무속의 글로벌 콘텐츠화 전략을 논한다.

이 책을 읽는 방법

이 책은 세 개의 부로 구성되어 있다. 제1부 '무속, 질문을 바꾸다'는 대중 독자를 위한 진입부다. 무속에 대한 오해를 풀고, 새로운 시선을 제안한다. 학술적 배경이 없어도 충분히 읽을 수 있도록 서술했다. 만약 무속에 대해 막연한 거부감이나 호기심을 가지고 있다면 이 부분부터 읽기를 권한다.

제2부 '무속, 구조를 읽다'는 학술적 분석이다. 무속의 작동 원리, 윤리적 기준, 사회적 기능을 깊이 있게 다룬다. 민속학, 종교

학, 인류학, 사회학에 관심 있는 독자라면 이 부분에서 더 많은 통찰을 얻을 수 있다.

제3부 '무속, 문화로 계승하다'는 실천적 제안이다. 정책 입안자, 문화 기획자, 무속 종사자 등에게 도움을 줄 수 있는 구체적인 가이드라인과 평가 지표, 산업화 전략을 담았다. 무속을 어떻게 공공 영역에서 다룰 것인지 고민하는 독자라면 이 부분이 가장 유용할 것이다.

이 책은 순서대로 읽어도 좋고, 관심 있는 장부터 골라 읽어도 좋다. 제1부는 이야기처럼 읽히도록 썼고, 제2부는 논문처럼 구성했으며, 제3부는 실무 가이드처럼 작성했다. 독자의 필요에 따라 자유롭게 접근하기를 바란다.

이 책이 답하지 않는 질문

이 책은 무속의 신이 실제로 존재하는지 증명하지 않는다. 굿의 효험이 과학적으로 검증 가능한지 다루지 않는다. 무속을 믿어야 하는지 말아야 하는지 판단하지 않는다.

이 책이 관심을 가지는 것은 무속이 어떻게 작동했는가, 무속이 우리 사회에서 어떤 역할을 했는가, 무속을 어떤 조건에서 문화로 계승할 수 있는가 하는 문제다.

무속의 신은 존재하는가? 이 책은 이렇게 답한다. 무속에서 신은 객관적으로 증명되는 존재가 아니라 '의례와 경험 속에서 작동하는 존재'다. 중요한 것은 신의 실재성이 아니라 효과성이다.

무속은 과학인가? 아니다. 무속은 과학을 대체하려 하지 않았다. 무속은 과학이 다루지 않는 영역, 즉 불안과 의미, 정서와 관계를 다루었다. 과학은 원인을 밝히고, 무속은 의미를 부여했다. 과학은 사실을 설명하고, 무속은 인간이 현실에서 그 사실을 견디게 했다.

무속은 종교인가? 학문적 기준으로 보면 그렇다. 초월적 존재에 대한 믿음, 의례와 상징 체계, 공동체적 기능, 삶의 의미 부여라는 종교의 조건을 무속은 충족한다. 그러나 제도적 기준으로 보면 아니다. 교리와 조직, 경전이 없기 때문이다. 무속은 '제도에 포섭되지 않은 종교'다.

왜 지금 무속을 다시 묻는가

무속을 다시 묻는 이유는 무속이 여전히 필요하기 때문이 아니다. 우리가 무속을 제대로 보지 못했기 때문이다.

우리 사회는 급속한 근대화 과정에서 많은 것을 잃었다. 공동체는 해체되었고, 전통적 위기 대응 방식은 사라졌으며, 죽음과 상실을 다루는 문화적 언어는 빈곤해졌다. 그 자리를 국가와 제도, 병원과 상담소가 채웠다. 그러나 여전히 틈이 있다.

갑작스러운 사고로 가족을 잃은 사람은 어디서 애도할 수 있는가? 재난 이후 공동체는 어떻게 회복되는가? 설명할 수 없는 불안 앞에서 사람들은 무엇을 할 수 있는가?

무속은 그 틈에 있었다. 국가가 제공하지 못하는 정서적 안전망, 제도가 다루지 못하는 의미의 영역, 과학이 설명하지 못하는 불안의 공간에서 무속은 작동했다.

　　　　　　　　　　　　　　　　　무속을 다시 묻다

오늘날 우리에게 필요한 것은 무속의 부활이 아니다. 무속이 다루어 온 영역을 제대로 인식하고, 그 역할을 어떻게 승계할 것인가를 고민하는 일이다. 무속을 문화로 기록하고, 의례를 현대적으로 재해석하며, 윤리 기준을 세우고, 사이비와 구분하는 작업이 필요하다.

무속을 다시 묻는 것은 과거로 돌아가자는 말이 아니다. 과거가 다루어 온 문제를 현재의 언어로 번역하자는 제안이다.

이 책의 입장

이 책은 무속을 옹호하지 않는다. 그렇다고 배척하지도 않는다. 이 책의 입장은 명확하다.

첫째, 무속은 믿음의 대상이 아니라 분석의 대상이다. 신의 실재 여부를 논하는 대신 무속이 어떻게 작동했는지를 본다.

둘째, 미신 낙인은 권력의 산물이다. 무속이 비합리적이어서가 아니라 제도 밖에 있었기 때문에 미신으로 규정되었다.

셋째, 무속에는 윤리가 필요하다. 신의 권위가 아니라 사람의 자유를 기준으로, 의존이 아니라 자립을 목표로 하는 윤리가 있어야 한다.

넷째, 신앙과 문화는 분리되어야 한다. 신앙은 개인의 자유로 보호하고, 문화는 사회의 자산으로 계승한다.

다섯째, 사이비와의 구분은 필수다. 무속인이라는 정체성이 아니라 통제와 착취의 행위가 사이비를 만든다.

이 다섯 가지 입장 위에서 이 책은 무속을 새롭게 읽는다.

당신이 이 책을 펼친 이유는 무엇인가? 혹시 무속에 대한 막연한 거부감을 가지고 있는가? 미신이라고 배척해 왔지만 왜 사라지지 않는지 궁금한가? 그렇다면 이 책이 도움이 될 것이다. 무속을 옹호하지 않으면서도 무속을 제대로 보는 방법을 알려줄 것이다.

혹시 무속을 연구하거나 공부하는 사람인가? 민속학이나 종교학, 인류학이나 사회학을 전공하면서 무속에 관심을 가지게 되었는가? 그렇다면 제2부가 유용할 것이다. 무속을 구조와 기능으로 분석하는 새로운 틀을 제공할 것이다.

혹시 문화 정책이나 무형문화재 관련 업무를 하는가? 무속을 어떻게 공공 영역에서 다룰 것인지 고민하는가? 그렇다면 제3부를 주목하라. 구체적인 가이드라인과 평가 지표, 정책 제안이 담겨 있다.

혹시 무속을 믿는 사람인가? 무당을 찾아가고, 굿에 참여하며, 신앙생활을 하는가? 그렇다면 이 책이 당신의 신앙을 공격하지 않을 것임을 알아주기 바란다. 이 책은 다만 무속이 어떻게 작동하는지, 어떤 윤리가 필요한지를 말할 뿐이다.

혹시 사이비에 피해를 입었거나 주변에 그런 사람이 있는가? 무속을 빙자한 사기와 착취로 고통받고 있는가? 그렇다면 제2부 4장을 보라. 무엇이 정상이고 무엇이 사이비인지 명확히 구분할 수 있을 것이다.

당신이 어떤 이유로 이 책을 펼쳤든 한 가지는 확실하다. 이 책을 덮을 때 당신은 무속을 다르게 볼 것이다. 믿음의 대상으로도,

배척의 대상으로도 아닌 이해의 대상으로 보게 될 것이다.

마지막으로

무속을 다시 묻는 것은 신을 되살리자는 이야기가 아니다. 무속을 믿으라는 권유도 아니고, 무속을 버리라는 비판도 아니다. 무속을 다시 묻는 것은 우리가 놓친 질문을 되찾는 일이다.

왜 무속은 사라지지 않았는가? 무속이 다루어 온 영역은 정말 사라진 것인가? 불안과 상실, 죽음과 위기를 우리는 어떻게 다루고 있는가? 제도와 과학이 해결하지 못하는 것을 우리는 어디서 찾는가?

이 질문들 앞에서 무속은 하나의 답이 아니라 하나의 방법이다. 그 방법을 기록하고, 이해하며, 필요한 부분을 현대적으로 번역하는 것. 그것이 이 책이 하려는 일이다.

신을 말하지 않고도 사람을 남길 수 있다. 믿음을 강요하지 않고도 문화를 계승할 수 있다. 무속은 그 가능성을 보여준다.

이제 첫 장을 넘기자. 무속을 다시 묻는 여정이 시작된다.

2026년 3월

김주회

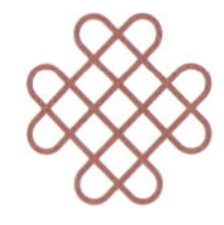

목차

제2부

무속, 구조를 읽다

4장　무속 vs 종교 vs 사이비, 경계는 어디인가
_ 구조로 본 세 가지 체계

5장　무속은 어떻게 작동했는가
_ 위기 대응 시스템의 해부

제1부

무속, 질문을 바꾸다

1장

무속은 왜 '미신'이 되었는가
_ 권력이 만든 낙인의 역사

미신 규정의 계보학

"무속은 미신입니까?"

이 질문에 답하기 전에 먼저 물어야 할 것이 있다. 누가, 언제, 왜 무속을 '미신'이라고 불렀는가? 미신이라는 단어는 어떤 맥락에서 등장했으며, 무엇을 목적으로 사용되었는가?

미신(迷信)이라는 말은 중립적인 학술 용어가 아니다. 권력이 통제할 수 없는 민간 신앙에 붙인 낙인이었다. 무속이 미신으로 규정된 것은 무속의 본질이 문제였기 때문이 아니라 무속이 권력의 질서 안에 들어오지 않았기 때문이다.

미신 규정의 역사를 따라가면 우리는 놀라운 사실을 발견하게 된다. 무속을 미신이라 부른 주체는 시대마다 달랐지만, 그들이 공유한 것이 하나 있었다. 무속을 통제할 수 없다는 불안이었다.

첫 번째 낙인: 유교 국가와 제례 질서 밖의 존재

조선시대 유교 국가는 명확한 제례 질서를 가지고 있었다. 왕은 하늘에 제사를 지냈고, 양반은 조상에게 제사를 지냈으며, 마을은 성황당에 제사를 지냈다. 이 모든 것은 국가가 정한 예법에 따라 이루어졌다. 제례는 질서였고, 질서는 통치였다.

그런데 무속은 이 질서 밖에 있었다. 무속은 국가가 정한 예법을 따르지 않았다. 창시자도 없었고, 경전도 없었으며, 통일된 의례도 없었다. 무당마다 모시는 신이 달랐고, 지역마다 굿의 형식이 달랐다. 중앙에서 통제할 방법이 없었다.

더 큰 문제는 무속이 민중 사이에서 강력한 영향력을 가지고 있었다는 점이다. 양반들은 유교 제례를 지켰지만 동시에 몰래 무당을 불렀다. 궁궐 안에서도 굿이 열렸다는 기록이 남아 있다. 국가는 무속을 금지하려 했지만 무속은 사라지지 않았다. 금지할수록 음성화되었을 뿐이다.

유교 국가에서 무속은 위협이었다. 제례 질서를 어지럽히는 존재, 예법을 무시하는 행위, 중앙의 통제를 벗어난 민간 신앙. 그래서 무속은 '음사(淫祀)', 즉 음란하고 사특한 제사로 규정되었다. 이것이 첫 번째 낙인이었다.

그러나 흥미로운 점은 유교 국가조차 무속을 완전히 제거하지 못했다는 사실이다. 왜 그랬을까? 무속이 다루는 영역이 유교와 달랐기 때문이다.

유교는 질서와 예법을 다루었지만, 무속은 불안과 공포를 다루었다. 아이가 병들었을 때, 농사가 망했을 때, 재난이 닥쳤을 때 유교의 제례는 답을 주지 못했다. 그 빈자리를 무속이 채웠다.

두 번째 낙인: 식민 통치와 통제 불가능한 민간 신앙

20세기 초 한국은 일본 식민지가 되었다. 식민 권력은 조선을 통치하기 위해 모든 것을 분류하여 등록하고 관리하려 했다. 종교도 예외가 아니었다. 일본은 불교와 기독교처럼 조직과 교리가 명확한 종교는 인정했다. 그러나 무속은 달랐다.

무속은 조직이 없었다. 무당들은 개별적으로 활동했고, 서로를 통솔하는 중앙 기구도, 교리도 없었다. 경전이 없었고, 통일된 신학 체계도 없었다. 한 무당이 모시는 신과 다른 무당이 모시는 신이 달랐다. 등록할 수도, 관리할 수도 없었다.

식민 당국으로서는 무속은 골칫거리였다. 통제할 수 없는 것은 위험했다. 그래서 일본은 무속을 미신으로 규정했고, '미신 타파' 운동을 벌였다. 미신은 미개한 것이고, 문명화를 위해 제거해야 할 것이라고 선전했다.

식민지 행정은 '미개한 미신', '비위생적 관습', '사회 질서를 어지럽히는 행위'로 무속을 분류했다. 이런 분류는 과학적 판단이 아니었다. 이것은 행정적 편의였다. 통제할 수 없는 것을 미신이라는 범주에 넣어 버리면 금지할 명분이 생겼다.

그러나 여기에도 역설이 있었다. 식민 당국은 무속을 금지했지만, 동시에 '조선의 풍속'으로 기록하고 연구했다. 민속학자들을 동원해 굿을 촬영하고 무가를 채록하며 무당을 인터뷰했다. 왜 그랬을까? 무속은 조선을 이해하는 열쇠였기 때문이다. 무속을 보면 조선 사람들이 무엇을 두려워하고, 무엇을 원하며, 어떻게 위기에 대응하는지 알 수 있었다.

식민 권력은 이중적이었다. 공식적으로는 무속을 미신으로 규정하고 금지했지만, 비공식적으로는 무속을 연구하고 기록했다. 이 이중성은 무속의 본질을 드러낸다. 무속은 단순한 미신이 아니었다. 무속은 한국 사회를 작동시키는 비공식 시스템이었다.

세 번째 낙인: 근대화와 과학 vs 비합리의 이분법

해방 이후 한국은 근대화의 길을 걸었다. 근대화는 과학과 합리성을 기반으로 했다. 과학적으로 설명 가능한 것은 받아들여지고, 설명 불가능한 것은 배척되었다. 이 과정에서 '과학 vs 미신, 합리 vs 비합리, 진보 vs 낙후'라는 새로운 이분법이 등장했다.

무속은 어디에 속했는가? 당연히 미신, 비합리, 낙후 쪽이었다. 굿은 과학적으로 설명할 수 없었고, 신내림은 검증할 수 없었으며, 점사는 우연의 일치일 뿐이었다. 근대화를 추진하는 국가로서는 무속은 극복해야 할 과거였다.

교육은 이 이분법을 강화했다. 학교에서는 과학을 가르쳤고, 미신을 타파해야 한다고 가르쳤다. 아이들은 무당을 사기꾼으로 배웠고, 굿은 무식한 사람들이 하는 것이라고 배웠다. 근대적 시민이 되려면 무속과 거리를 두어야 했다.

그러나 현실은 달랐다. 근대화가 진행될수록 불안은 커졌다. 농촌에서 도시로 이주한 사람들은 낯선 환경에서 살아야 했다. 전통적 공동체는 해체되었고, 가족 관계는 변했다. 산업화는 새로운 위험을 만들어냈다. 산업재해, 교통사고, 경제적 파산 등 이런 것들을 과학은 설명할 수 있었지만 위로할 수는 없었다.

무속은 사라지지 않았다. 오히려 도시에서 새로운 형태로 나타났다. 점집이 번화가에 생겼고, 무당은 아파트에서 활동했다. 대학을 나온 사람들도 몰래 무당을 찾았다. 낮에는 과학을 믿는 척했지만, 밤에는 점을 보러 갔다.

이 모순은 무엇을 의미하는가? 과학과 무속은 서로 다른 영역을 다룬다는 것이다. 과학은 '왜'를 설명하지만, 무속은 '어떻게 견딜 것인가'를 다룬다. 과학은 '사실'을 밝히지만, 무속은 '의미'를 부여한다. 둘은 경쟁하지 않는다. 다만 근대화 이데올로기가 둘을 경쟁 관계로 만들었을 뿐이다.

네 번째 낙인: 산업화와 생산성에 기여 못 하는 문화

1960년대부터 한국은 급속한 산업화를 경험했다. 산업화는 효율과 생산성을 최고 가치로 삼았다. 모든 것은 경제 발전에 기여하는가 아닌가로 평가되었다. 문화도 예외가 아니었다.

무속은 이 기준에서 어떻게 평가되었는가? 무속은 생산성에 기여하지 못했다. 오히려 생산을 방해했다. 굿을 하려면 일을 멈춰야 했다. 점을 보러 가려면 시간을 써야 했다. 무당에게 돈을 주면 그 돈은 저축이나 투자로 가지 못했다.

산업화 국가는 무속을 '낭비'로 간주했다. 시간의 낭비, 돈의 낭비, 노동력의 낭비. '새마을 운동'은 미신 타파를 중요한 과제로 삼았다. 마을의 당집을 허물고, 굿을 금지하고, 무당을 계몽했다.

근면, 자조, 협동이라는 새마을 정신에 무속은 어울리지 않았다.

그런데 아이러니한 일이 벌어졌다. 산업화가 진행될수록 무속은 오히려 번성했다. 왜 그랬을까? 산업화가 만들어낸 불안 때문이었다.

사업을 시작한 사람들은 성공을 기원했다. 공장을 새로 지으면 고사를 지냈다. 건물을 올리기 전에 땅을 달래는 의례를 치렀다. 이것은 미신인가? 아니면 심리적 안정을 얻기 위한 합리적 선택인가?

주식 투자자들은 점을 봤다. 취업 준비생들은 무당을 찾았다. 사업이 망하면 굿을 했다. 산업화 사회는 경쟁이 치열했고, 결과를 예측할 수 없었으며, 통제 불가능한 요인이 많았다. 과학은 확률을 말해 주었지만 확신은 주지 못했다. 무속은 그 빈자리를 채웠다.

산업화 국가는 공식적으로 무속을 미신이라 비난했지만 실제로는 무속을 제거하지 못했다. 아니 제거할 필요가 없었다. 무속은 산업화가 만들어낸 불안을 관리하는 비공식 안전판 역할을 했기 때문이다. 국가가 제공하지 못하는 심리적 위안을 무속이 제공했다.

미신 규정의 패턴

네 시대를 관통하는 패턴이 있다. 무속을 미신으로 규정한 주체는 모두 권력이었다. 유교 국가, 식민 당국, 근대화 정부, 산업화 국가. 이들은 공통점을 가지고 있었다.

첫째, 무속을 통제할 수 없었다. 무속은 중앙집권적 조직이 없었고, 통일된 교리가 없었으며, 관리 가능한 형태가 아니었다. 권력은 통제할 수 없는 것을 두려워했다.

둘째, 무속은 권력의 질서와 충돌했다. 유교 질서, 식민 행정, 근대화 이데올로기, 산업화 효율성. 무속은 이 모든 것과 어긋났다. 권력은 질서를 어지럽히는 것을 배제했다.

셋째, 그러면서도 무속을 완전히 제거하지 못했다. 무속은 권력이 다루지 못하는 영역을 담당했기 때문이다. 민중의 불안, 설명 불가능한 재난, 상실과 죽음. 이런 것들을 국가나 제도는 해결하지 못했다.

결국 미신 규정은 신앙의 진위 판단이 아니었다. 이것은 권력의 전략이었다. 통제할 수 없는 것에 미신이라는 낙인을 찍으면 배제할 명분이 생겼다. 그러나 낙인이 실재를 바꾸지는 못했다. 무속은 여전히 작동했고, 사람들은 여전히 무속을 찾았다.

미신이라는 낙인의 논리적 오류

무속을 미신이라고 비판하는 논리는 크게 '과학적으로 증명되지 않는다', '비합리적이다', '돈을 요구한다'로 나눌 수 있다. 이 세 가지 비판은 얼핏 설득력 있어 보인다. 그러나 조금만 깊이 들여다보면 논리적 오류가 드러난다.

첫 번째 오류: 과학적으로 증명되지 않는다

무속을 비판하는 사람들은 흔히 '굿의 효과가 과학적으로 증명되었는가? 신내림이 검증 가능한가? 점사가 통계적으로 유의미한가?' 아니라면 무속은 미신이라고 말한다.

이 논리를 조금 확장하면 '기독교의 부활이 과학적으로 증명되었는가? 불교의 윤회가 검증 가능한가? 유교의 조상신이 실재하는가?' 아니라면 이 모든 종교는 미신이라고 말할 수 있다.

논리는 같다. 과학적 증명을 종교의 기준으로 삼는다면 모든 종교는 미신이 된다. 그런데 왜 무속만 미신이라 불리는가? 이것은 논리의 문제가 아니라 권력의 문제다. 제도화된 신앙은 '종교'로 인정받고, 제도 밖의 신앙은 '미신'으로 규정된다.

더 근본적인 문제가 있다. 과학적 증명을 요구하는 것 자체가 범주 오류다. 과학은 '자연 현상'을 다루고, 종교는 '의미'를 다룬다. 과학은 '왜 이 일이 일어났는가'를 설명하고, 종교는 '이 일을 어떻게 받아들일 것인가'를 다룬다. 둘은 다른 영역이다.

예를 들어보자. 아이가 갑작스럽게 죽었다. 과학은 "급성 심부전으로 인한 사망입니다"라고 말한다. 이것은 사실이다. 그러나 부모에게 필요한 것은 사실만이 아니다. 부모는 "왜 하필 우리 아이가? 이 고통을 어떻게 견뎌야 하는가?"라고 묻는다. 과학은 이 질문에 답하지 못한다.

무속은 "아이의 넋이 제대로 가지 못해 방황하고 있습니다. 굿을 통해 아이를 보내 드리겠습니다"라고 답한다. 이것은 과학적 사실인가? 아니다. 그러나 이것은 의미다. 부모는 굿을 통해 아이를 보낼 수 있다. 심리적으로 정리할 수 있고, 다시 살아갈 힘을 얻는다.

증명되지 않았다고 해서 작동하지 않는 것은 아니다. 무속은 과학적으로 증명될 수 없지만 실제로 사람들에게 도움을 주었다. 이것을 미신이라 부를 수 있는가?

무속은 과학을 부정하지 않는다. 과학이 다루지 않는 영역을 다룰 뿐이다. 무속과 과학은 경쟁하지 않는다. 무속은 과학의 대체물이 아니라 과학이 다루지 못하는 불안과 의미의 영역을 보완한다.

두 번째 오류: 비합리적이다

무속을 비판하는 두 번째 논리는 비합리성이다. '귀신이 어디 있는가? 조상신이 정말 존재하는가? 신내림은 정신병 아닌가?' 이런 비합리적인 것을 믿는 것은 미신이라고 말한다.

그런데 종교는 본래 합리의 영역인가? 종교는 합리성으로 설명될 수 있는가? 기독교를 생각해 보자. 처녀가 아이를 낳았다. 죽은 사람이 3일 만에 부활했다. 물이 포도주로 변했다. 이것은 합리적인가? 물리학 법칙에 부합하는가?

불교를 생각해 보자. 사람이 죽으면 다시 태어난다. 착한 일을 하면 천상에 가고, 나쁜 일을 하면 지옥에 간다. 이것은 검증 가능한가? 논리적으로 일관되는가?

유교를 생각해 보자. 조상의 영혼이 제사 음식을 먹는다. 예법을 지키면 하늘이 복을 내린다. 이것은 과학적인가? 합리적인가?

비합리성을 기준으로 삼는다면 모든 종교는 비합리적이다. 종교의 핵심은 합리성이 아니다. 종교는 의미의 체계다. 인간은 합리적 존재이면서 동시에 의미를 필요로 하는 존재다. 합리성만으로는 삶을 설명할 수 없다.

종교는 본래 합리의 영역이 아니라 의미의 영역이다. 무속이 비합리적이라는 비판은 종교 자체의 본질을 오해한 것이다.

더 흥미로운 것은 무속 자체가 완전히 비합리적이지 않다는 점이다. 무속에는 나름의 논리가 있다. 예를 들어 열시왕 체계를 보자. 죽은 지 7일째 첫 심판, 14일째 두 번째 심판, 이런 식으로 49일까지 이어진다. 이것은 임의적인가?

아니다. 이것은 제사 주기와 정확히 일치한다. 7일마다 제사를 지내며 유족은 죽은 자를 조금씩 보낸다. 49일째가 되면 애도가 일단락된다.

이것은 심리학적으로 합리적인 애도 과정이다. 무속은 이것을 사후세계라는 상징으로 표현했을 뿐이다.

무속의 많은 의례들은 실제로 심리적 효과가 있다. 굿은 집단 카타르시스를 제공하고, 점사는 결정 피로를 해소한다. 치병 의례는 플라시보 효과를 유발한다. 이런 것들은 과학적으로도 설명 가능하다.

비합리적이라는 비판은 표면만 본 것이다. 무속의 형식은 비합리적으로 보이지만, 기능은 합리적이다. 무속은 인간의 심리를 다루는 매우 정교한 시스템이었다.

세 번째 오류: 돈을 요구한다

무속을 비판하는 세 번째 논리는 금전 요구다. '무당은 돈을 받는다. 굿은 비싸다. 이것은 신앙이 아니라 장사다' 그러니 미신이라고 말한다.

이 논리를 다른 종교에 적용해 보자. 교회는 헌금을 받는다. 절은 시주를 받는다. 성직자들은 급여를 받는다. 건물을 짓고, 운영하고, 선교하는 데 돈이 든다. 이것은 장사인가?

아니다. 이것은 종교 활동의 경제적 기반이다. 모든 종교는 물질적 기반이 필요하다. 성직자도 먹고살아야 하고, 의례를 위한 공간과 도구가 필요하며, 조직을 유지하려면 비용이 든다.

무속도 마찬가지다. 무당도 생계를 유지해야 하며, 굿에는 악기, 의상, 제물, 공간이 필요하다. 준비하는 데 시간과 노동이 든다. 비용을 받는 것은 당연하다.

그렇다면 왜 무속만 돈 문제로 비난받는가? 차이가 있다면 구조의 문제다. 제도 종교는 조직이 있고, 회계가 투명하며, 헌금 내역이 기록된다. 무속은 개인 간 거래이고, 투명성이 낮으며, 비용이 불분명할 때가 많다.

이것은 무속 자체의 문제가 아니라 무속이 제도화되지 않았기 때문에 생기는 문제다. 제도화된 종교도 초기에는 비슷했다. 개인 성직자가 직접 비용을 받고, 그 기준이 모호하며, 때로는 과도한 요구도 있었다. 그러다 조직화되면서 체계가 잡혔다.

중요한 것은 비용 요구 자체가 아니라 그 비용이 어떻게 사용되는가다. 금전 투명성 원칙을 보면, '비용은 사전에 고지되어야 하며, 추가 비용을 강요해서는 안 된다. 대출이나 차용, 재산 처분을 유도해서는 절대 안 된다'라고 정의하고 있다.

이 원칙을 지키는 무속인이라면 돈을 받는다고 해서 미신이라 비난할 수 없다. 반대로 이 원칙을 어기는 무속인이라면 그것은 미신이 아니라 사기다.

문제는 돈 자체가 아니라 '착취와 강요'다. 그런데 이것은 무속만의 문제가 아니다. 제도 종교에도 헌금 강요, 십일조 압박, 건축 헌금 독촉이 있다. 이런 것들은 종교를 미신으로 만드는 것이 아니라 종교를 타락시키는 것이다.

논리적 오류의 본질

앞에서 세 가지 비판을 살펴보았다. '과학적으로 증명되지 않는다', '비합리적이다', '돈을 요구한다' 이 비판들의 공통점은 무엇인가?

첫째, 이 비판들은 무속에만 적용되지 않는다. 모든 종교에 동일하게 적용된다. 그런데 왜 무속만 미신이라 불리는가? 이것은 논리의 문제가 아니라 권력과 제도의 문제다.

둘째, 이 비판들은 범주 오류를 범한다. 과학의 기준으로 종교를 평가하고, 합리성의 기준으로 의미를 평가하며, 경제적 기준으로 신앙을 평가한다. 서로 다른 영역을 같은 잣대로 재는 것이다.

셋째, 이 비판들은 형식만 보고 기능을 보지 못한다. 무속의 형식은 비과학적이고 비합리적으로 보일 수 있다. 그러나 무속의 기능은 실제로 작동했다. 사람들을 위로했고, 공동체를 회복시켰으며, 삶을 지속하게 만들었다.

미신 규정의 논리적 오류는 단순한 실수가 아니다. 이것은 의도적인 전략이었다. 통제할 수 없는 것에 '비과학', '비합리', '장사'라는 낙인을 찍으면 배제할 명분이 생긴다. 그러나 낙인이 실재를 바꾸지는 못한다. 무속은 여전히 종교적 기능을 수행했고, 여전히 사람들에게 필요했다.

무속이 제도 밖에서 살아남은 이유

재난 앞에서 되살아나는 무속

무속은 오랫동안 억압받았다. 유교 국가는 금지했고, 식민 당국은 타파하려 했으며, 근대화 정부는 미신이라 비난했고, 산업화 국가는 낭비라 규정했다. 그럼에도 무속은 사라지지 않았다. 왜일까?

답은 간단하다. 무속이 다루는 영역은 국가도, 제도 종교도, 과학도 해결하지 못했기 때문이다. 무속은 평상시에는 주변부에 있다가 위기와 재난 앞에서 중심으로 들어온다. 이것은 역사적으로 반복되어 온 패턴이다.

전염병이 돌았을 때 사람들은 무당을 불렀다. 의학은 질병의 원인을 설명했지만 왜 하필 우리 마을인지, 왜 하필 우리 가족인지는 설명하지 못했다. 무속은 이 질문에 답했다. 마을의 수호신이 노했기 때문이다. 조상이 제사를 제대로 받지 못해 화가 났기 때문이다. 그래서 굿을 해야 한다.

이것은 과학적으로 틀렸다. 그러나 심리적으로 작동했다. 굿을 통해 사람들은 불안을 해소했다. "우리가 할 수 있는 것을 다 했다"라는 통제감을 얻었다. 공동체가 함께 모여 의례를 치르면서 결속을 다졌다. 질병은 여전히 위협이었지만, 사람들은 무너지지 않고 견딜 수 있었다.

화재나 수해 같은 자연재해가 일어났을 때도 마찬가지였다. 국가는 구호물품을 나눠 주고 복구공사를 했다. 그러나 국가는 상실의 고통을 다루지 못했다. 집을 잃은 사람들, 가족을 잃은 사람들의 심리적 충격을 누가 감당했는가?

무속이 그 자리에 있었다. 마을굿을 열어 죽은 자를 추모하고, 살아남은 자를 위로하면서 공동체를 다시 일으켜 세웠다. 의례를 통해 사람들은 슬픔을 표현할 수 있었고, 함께 울고 함께 기도하며 다시 시작할 힘을 얻었다.

갑작스러운 사고사도 무속이 개입하는 대표적인 영역이었다. 교통사고, 익사, 추락사 등 이런 죽음은 예측할 수 없었고, 준비할 시간도 없었다. "내가 그때 막았더라면", "내가 더 조심시켰더라면" 하며 유족은 엄청난 충격과 죄책감에 시달렸다.

무속은 이런 죽음을 설명했다. 망자의 넋이 갑작스럽게 이승을 떠나 방황하고 있다. 제대로 보내지 못하면 원혼이 되어 가족을 괴롭힐 것이다. 그래서 굿을 해야 한다.

이것이 사실인가? 그것은 중요하지 않다. 중요한 것은 유족이 이 설명을 통해 행동할 수 있게 되었다는 점이다. 굿을 준비하고, 망자를 위해 무언가를 하며, 의례를 통해 작별 인사를 하면서 유족은 심리적으로 정리할 수 있었다. 죄책감은 여전히 남았지만, 적어도 "내가 할 수 있는 것을 다 했다"라는 위안을 얻었다.

국가와 종교가 다루지 못한 불안의 영역

제도 종교는 왜 무속을 대체하지 못했는가? 기독교는 구원을 말하고, 불교는 해탈을 말하며, 유교는 도덕을 말한다. 이것들은 중요하지만 장기적이고 추상적이다.

"지금 내 사업이 망하고 있다. 어떻게 해야 하는가?", "내 아이가 계속 아프다. 왜 그런가?", "남편이 외도한다. 어떻게 막을 수 있는가?"에 대하여 무속은 즉각적이고 구체적이다.

제도 종교는 이런 질문에 직접 답하지 않는다. 기독교는 "하나님을 믿으시오. 시련을 극복하면 더 큰 축복이 있을 것입니다"라고 말하고, 불교는 "집착을 버리시오. 모든 것은 인연입니다"라고 말하며, 유교는 "올바르게 행하시오. 하늘이 보고 있습니다"라고 말할 뿐이다.

이것들은 맞는 말이다. 그러나 지금 당장 고통받는 사람에게는 너무 멀게 느껴진다. 사업은 지금 망하고 있고, 아이는 지금 아프고, 남편은 지금 외도하고 있다. 내일이 아니라 오늘, 해답이 아니라 대응이 필요하다.

무속은 점을 보고, 원인을 말해 주며, 해결 방법을 제시한다. "사업이 안 되는 것은 조상이 제사를 제대로 받지 못해서입니다. 제사를 지내고 굿을 하면 나아질 것입니다", "아이가 아픈 것은 귀신이 붙었기 때문입니다. 치병굿을 하면 낫습니다", "남편이 외도하는 것은 액운 때문입니다. 액막이를 하면 돌아올 것입니다" 하고 즉각적으로 대응한다.

이것이 과학적으로 옳은가? 아니다. 그러나 심리적으로 작동하는가? 그렇다. 사람들은 원인을 알게 되고, 할 수 있는 일이 생기며, 통제감을 회복한다. 실제로 사업이 나아지는가? 그것은 다른 요인에 달려 있다. 그러나 적어도 포기하지 않고 다시 노력할 힘을 얻는다.

국가는 어떤가? 국가는 복지를 제공하고, 재난 지원을 하며, 법적 보호를 한다. 이것들은 중요하다. 그러나 국가는 개인의 불안과 슬픔을 직접 다루지 못한다.

실업 수당은 경제적 어려움을 덜어 주지만, 실직의 수치심과 미래에 대한 불안을 해소하지는 못한다. 장례 보조금은 비용을 지워하지만, 상실의 고통을 위로하지는 못한다. 법적 이혼은 관계를 정리하지만, 배신의 감정과 가족 해체의 슬픔을 다루지는 못한다.

무속은 바로 이 감정의 영역을 다룬다. 무속은 정책이 아니라 의례로, 설명이 아니라 상징으로, 해결이 아니라 위로로 접근한다. 그래서 무속은 제도가 할 수 없는 일을 했다.

빠른 응답의 힘

왜 무속은 응답이 빠르게 느껴지는가?

첫째, 의례의 즉시성에 있다. 굿과 점사는 지금 여기의 문제를 다룬다. 사후나 내세가 아니라 현실 사건 중심이다. 질문하면 즉각적으로 해석하고, 즉각적으로 처방한다.

둘째, 맞춤형 응답 구조이다. 교리가 없기 때문에 개인 상황에 1:1로 맞출 수 있다. 불특정 다수를 위한 설교가 아니라 이 사람의 이 문제를 위한 신탁이다.

셋째, 상징 언어의 압축 효과가 있다. 복잡한 현실을 단문으로 환원한다. "조상이 화났다", "귀신이 붙었다", "액운이 있다" 등 이런 표현은 인지적 부담을 감소시키고, '답을 받은 느낌'을 강화한다.

넷째, 심리적 기능이다. 불확실성을 감소시키고, 결정 피로를 해소하며, 감정을 정리하고, 통제감을 회복시킨다.

제도 종교와 비교해 보자. 제도 종교는 기도와 수행 후에 지연된 응답을 기대한다. 시간성은 장기적이고 사후 지향적이다. 해석의 주체는 신이나 교리다. 반면 무속은 즉각적 신탁을 제공하고, 시간성은 단기적이며 현실 지향적이다. 해석의 주체는 무당이라는 중개자다.

이 빠른 응답은 치유 기능이기도 하지만 동시에 의존 위험도 내포한다. 즉답은 불안을 줄이지만 판단력을 대신할 수는 없다. 응답의 속도가 아니라 응답 이후의 자유가 신앙의 기준이어야 한다.

비공식 안전망으로서의 무속

무속은 제도 밖에서 인간의 불안과 재난을 관리해 온 한국형 비공식 안전시스템이며, 무당은 그 운영자이다.

공식 안전망은 국가, 법률, 의료, 복지다. 이것들은 중요하고 필수적이다. 그러나 공식 안전망은 표준화되어 있고, 절차가 복잡하며, 감정을 다루지 못한다. 비공식 안전망은 가족, 친구, 공동체 그리고 무속이다. 이것들은 유연하고, 즉각적이며, 감정을 다룬다.

무속은 비공식 안전망의 한 축이었다. 공식 제도가 닿지 못하는 곳에서, 공식 제도가 다루지 못하는 것을, 공식 제도가 할 수 없는 방식으로 대응했다. 그래서 무속은 사라지지 않았다.

억압받고 금지당하고 미신이라 불렸지만 계속 필요했다. 권력은 무속을 배제하려 했지만 사람들은 무속을 찾았다. 왜냐하면 무속이 실제로 도움을 주었기 때문이다.

무속의 역설

무속의 역사는 역설로 가득하다. 권력은 무속을 미신이라 규정했지만 완전히 제거하지 못했다. 무속이 권력이 다루지 못하는 영역을 담당했기 때문이다.

제도 종교는 무속을 비판했지만 무속을 대체하지 못했다. 제도 종교는 교리와 구원을 말했지만, 무속은 현실 문제에 즉각 대응했기 때문이다.

과학은 무속을 비합리적이라 했지만, 무속은 과학과 경쟁하지 않았다. 과학은 사실을 설명했지만, 무속은 의미를 부여했기 때문이다.

근대화는 무속을 낙후된 것이라 했지만 산업화가 진행될수록 무속은 번성했다. 산업화가 만들어낸 불안과 경쟁을 무속이 관리했기 때문이다.

이 모든 역설이 말해 주는 것은 하나다. 무속은 믿음의 대상이 아니라 기능의 시스템이었다. 무속을 믿느냐 믿지 않느냐는 중요하지 않았다. 무속이 작동하느냐 필요하느냐가 중요했다.

무속이 미신으로 규정된 것은 무속의 본질 때문이 아니었다. 이것은 권력의 낙인이었다. 유교 국가, 식민 당국, 근대화 정부, 산업화 국가 모두 무속을 통제할 수 없었고, 그래서 미신이라 불렀던 것이다.

미신 규정의 논리는 오류투성이였다. '과학적으로 증명되지 않는다', '비합리적이다', '돈을 요구한다' 등 이 논리를 일관되게 적용하면 모든 종교가 미신이 된다. 그런데 왜 무속만 미신이라 불렸는가? 이것은 논리가 아니라 권력의 문제였다.

무속은 사라지지 않았다. 무속이 다루는 영역은 국가도, 종교도, 과학도 해결하지 못했기 때문이다. 재난과 사고, 갑작스러운 죽음, 설명할 수 없는 불안 앞에서 무속은 되살아났다.

미신은 믿음의 문제가 아니라 권력의 낙인이다. 무속을 이해하려면 질문을 바꿔야 한다. "무속은 미신인가?"가 아니라 "왜 무속은 미신이라 불렸는가?"를 물어야 한다. "무속을 믿을 것인가?"
가 아니라 "무속은 무엇을 해왔는가?"를 물어야 한다.

다음 장에서는 무속의 '신' 개념을 살펴볼 것이다. 신을 믿지 않
아도 굿을 이해할 수 있는 이유와 무속에서 신이란 무엇이며, 어
떻게 작동하는가를 탐구할 것이다.

2장

신을 믿지 않아도
굿을 이해할 수 있다
_ 무속의 '신' 개념과 작동 원리

무속에서 신이란 무엇인가

"무속의 신을 믿으십니까?"

이 질문 앞에서 대부분 사람은 멈칫한다. 무속의 신이 누구인지조차 명확하지 않기 때문이다. 하느님처럼 유일신인가? 부처처럼 깨달은 자인가? 아니면 그리스 신화의 신들처럼 여러 존재인가?

무속의 신은 이 모든 것과 다르다. 무속에서 신은 창조주가 아니고, 전지전능한 존재도 아니며, 고정된 인격신도 아니다. 그렇다면 무속의 신은 무엇인가?

답하기 전에 먼저 우리가 가진 '신' 개념 자체를 의심해야 한다. 우리는 흔히 서구 기독교의 신 개념에 익숙하다. 유일하고 전능하며 창조주이고 초월적인 존재. 그러나 이것이 신의 유일한 형태는 아니다. 동아시아의 신 개념은 처음부터 달랐다.

창조주도 절대자도 아닌 존재

무속의 신은 세상을 창조하지 않았다. 무속 신화에는 천지창조 이야기가 없다. 신이 7일 만에 세상을 만들었다거나 신이 혼돈에서 질서를 창조했다는 이야기가 없다. 세상은 이미 있었고, 신은 그 안에서 특정한 역할을 담당하는 존재로 등장했다.

무속의 신은 전지전능하지 않다. 무속인들은 "신은 사람이 부르지만 뜻대로 되지는 않는다", "신이 있다고 해도 항상 도와주지는 않는다"라고 말한다. 이것은 전능과 절대성을 부정하는 매우 현실적인 태도다. 무속의 신은 한계가 있고, 때로는 화를 내며, 심지어 잘못을 저지르기도 한다.

무속의 신은 고정되어 있지 않다. 기독교의 하느님은 언제나 하느님이고, 불교의 부처는 언제나 부처다. 그러나 무속의 신은 유동적이다. 같은 신이라도 지역에 따라 이름이 다르고, 성격이 다르며, 역할이 다르다. 한 무당이 모시는 신과 다른 무당이 모시는 신이 다를 수 있다. 심지어 같은 무당이라도 상황에 따라 다른 신을 부를 수 있다.

그렇다면 무속의 신은 허구인가? 사람이 마음대로 만들어낸 것인가? 그렇게 단순하지 않다.

무속에서의 신은 창조가 아니라 '현현(顯現)'이다. 신은 만들어내는 대상이 아니라 불러오고, 드러나며, 잠시 머무는 존재다.

현현이란 무엇인가? 이것은 '나타남'을 의미한다. 신은 원래 숨어 있다가 의례를 통해 드러난다. 굿이 열리면 신이 오고, 굿이 끝나면 신은 간다. 신은 의례 속에서만 존재하는 것이 아니라 의례를 통해 경험되는 존재다.

그렇다면 무속의 신은 어디서 왔는가? 크게 세 가지 원천이 있다.

❶ 자연

산신, 용왕, 성황신은 모두 자연에서 왔다. 산은 경외의 대상이었다. 높고 험하며, 예측할 수 없는 위험이 도사리고 있었다. 사람들은 산을 두려워했고, 존중도 했다. 그 두려움과 존중이 의인화되어 산신이 되었다.

바다도 마찬가지였다. 바다는 생계의 터전이면서 동시에 죽음의 공간이었다. 풍랑이 일면 배가 뒤집혔고, 사람들은 돌아오지 못했다. 바다의 변덕스러움, 그 힘과 위협이 용왕이라는 신으로 형상화되었다.

마을 입구의 큰 나무, 고갯마루의 돌무더기 등도 신이 되었다. 그것들은 경계였기 때문이다. 안과 밖, 익숙함과 낯섦, 안전과 위험의 경계. 경계는 항상 불안한 곳이었고, 그 불안이 성황신으로 자리 잡았다.

❷ 조상

죽은 조상은 가장 가까운 신이 되었다. 조상신은 가족을 보호하고, 후손을 돌보며, 때로는 징벌을 내리기도 했다. 조상신은 멀리 있지 않았다. 집안에 모셔졌고, 제사를 통해 소통했으며, 꿈에 나타나 메시지를 전했다.

조상신은 완벽하지 않았다. 생전의 성격을 그대로 간직했다. 엄격했던 할아버지는 죽어서도 엄격한 조상신이 되었고, 자상했던 할머니는 죽어서도 자상한 조상신이 되었다. 이것은 신을 인격화한 것이 아니라 관계를 지속시킨 것이었다.

❸ 역사적 기억

전쟁에서 죽은 장군, 억울하게 죽은 여인, 어린 나이에 죽은 왕자 등 이런 사람들이 신이 되었다. 특히 원통하게 죽은 경우, 한(恨)을 품고 죽은 경우 그 영혼은 원혼이 되어 떠돌았고, 사람들은 그 원혼을 달래기 위해 제사를 지냈다. 시간이 흐르면서 원혼은 신으로 승격되었다.

최영 장군, 임경업 장군 같은 역사적 인물들이 무속의 신이 된 것은 이런 과정을 거쳤다. 그들은 억울하게 죽었고, 사람들은 그들의 억울함을 기억했으며, 그 기억이 신앙으로 전환되었다.

무속에서의 신은 절대적 창조주가 아니라 상징화된 힘이다. 자연, 조상, 역사적 기억이 신격화된 것이다. 신은 존재 증명의 대상이 아니라 해석의 틀이다.

의례 속에서 드러나는 존재

무속의 신은 어디에 있는가? 하늘에 있는가? 저승에 있는가? 아니다. 무속의 신은 의례 속에 있다.

굿이 시작되면 청신(請神)을 한다. 신을 청해 모시는 것이다. 무당은 노래하고 춤추며 신을 부른다. 그러다 어느 순간 무당의 몸이 떨리고 목소리가 바뀐다. 신이 내렸다고 한다. 신내림, 혹은 접신이다.

이때 신은 어디서 왔는가? 멀리서 날아온 것인가? 그렇게 물리적으로 생각할 필요는 없다. 신은 의례를 통해 드러난 것이다. 무당의 춤과 노래, 장단과 분위기, 참여자들의 기대와 집중 등 이 모든 것이 모여 신이 현현하는 공간을 만든다.

신이 내린 무당은 신의 말을 전한다. 신탁(神託)이다. "네가 아픈 것은 조상이 제사를 제대로 받지 못해서다", "사업이 안 되는 것은 터가 나빠서다", "이 어려움은 곧 지나갈 것이다"라는 말들은 누가 하는가? 무당인가, 신인가?

겉으로는 신이 하지만 실제로는 무당이 한다. 무당은 자신의 경험과 지식, 직관과 관찰을 동원해 신탁을 구성한다. 그러나 무당 자신도 완전히 통제하지 못한다. 신내림 상태에서 무당은 평소와 다른 말을 하고, 평소에 모르던 것을 알기도 한다. 이것을 어떻게 설명할 것인가?

무속의 신은 인간이 조작하지만 통제할 수는 없다. 신은 만들어지는 것이 아니라 의례 속에서 경험된다. 조재(調齋) 논쟁은 신의 존재 문제가 아니라 의미 생산의 문제다.

조재란 '만들어낸다'라는 뜻이다. 비판자들은 무당이 신을 조재한다고 비난한다. 신은 원래 없는데 무당이 꾸며내서 사람들을 속인다는 것이다.

그러나 이것은 오해다. 무속인들도 신을 마음대로 만들어내지 못한다. 무속 내부에는 명확한 선이 있다. 신을 의도적으로 꾸며내거나, 결과를 알고도 신의 뜻으로 속이거나, 신을 거래 수단으로 사용하는 것은 금기다. 이것을 어기면 무속 내부에서도 '가짜 무(巫)'로 규정된다.

그렇다면 신은 어떻게 작동하는가? 인류학적 관점에서 보면 신은 공동체가 의미를 부여한 상징 체계이며, 종교학적 관점에서 보면 신은 의례를 통해 경험되는 초월성이다.

또한 심리학적 관점에서 보면 신은 불안을 외재화한 대상이며, 무속 내부 관점에서 보면 신은 사람이 부르지만 마음대로 다루지 못하는 존재다.

이 모든 해석이 공존할 수 있다. 무속의 신은 단일한 실체가 아니라 관계이기 때문이다.

신은 실체인가, 관계인가

"무속의 신은 존재하는가?"

이 질문에 무속은 이렇게 답한다.

"존재 여부보다 중요한 것은 작동 여부다."

무속에서의 신은 '있는가 없는가'의 대상이 아니라 인간의 삶 속에서 '작동하며 경험되는 존재'다. 무속의 신은 '객관적으로 증명되는 존재'가 아니라 '의례와 경험 속에서 작동하는 존재'다.

이것을 이해하려면 존재의 기준을 바꿔야 한다. 무속적 존재 기준은 이렇다.

첫째, 굿과 점을 통해 경험된다.

둘째, 인간의 감정, 결정, 관계를 변화시킨다.

셋째, 공동체 안에서 반복적으로 재현된다.

이 조건을 충족한다면 무속에서는 "신은 있다"라고 말한다. 과학적으로 증명되지 않아도, 물리적으로 관찰되지 않아도 신은 작동한다. 작동하면 존재한다.

이것은 환상과 다르다. 환상은 개인의 착각으로 끝나지만, 신은 의례와 서사, 공동체를 통해 지속적으로 재현된다. 신은 개인의 망상이 아니라 집단적으로 공유되는 경험적 구조다.

신은 믿음의 대상이 아니라 관계의 대상

무속의 신을 이해하는 핵심은 여기에 있다. 신은 믿음의 대상이 아니라 관계의 대상이다.

기독교에서는 신을 믿어야 한다. 믿음이 없으면 구원이 없다. 불교에서는 부처를 믿고 따라야 한다. 믿음이 없으면 깨달음이 없다. 그러나 무속은 다르다.

무속에서는 신을 믿을 필요가 없다. 대신 신과 관계를 맺어야 한다. 제사를 지내고, 굿을 하며, 대화를 나눈다. 이것은 믿음이 아니라 교류다.

조상신을 생각해 보자. 조상신을 믿는가? 이상한 질문이다. 조상은 실제로 존재했던 사람이다. 믿고 안 믿고의 문제가 아니다. 다만 죽은 후에도 관계가 지속하는가의 문제다. 제사를 지내는 것은 조상의 존재를 증명하기 위해서가 아니라 관계를 유지하기 위해서다.

산신도 마찬가지다. 산신을 믿는가? 아니다. 산을 존중하고, 산에서 안전하기를 바라며, 산의 자원을 얻고자 할 뿐이다. 산신제를 지내는 것은 산신의 실재를 주장하기 위해서가 아니라 산과의 관계를 조율하기 위해서다.

무속의 신은 실체가 아니라 관계다. 존재 여부보다 중요한 것은 작동 여부다. 무속은 신을 증명하지 않고 경험한다.

무속은 왜 응답이 빠른가

무속을 경험한 사람들은 흔히 "신기하게도 딱 맞아떨어졌다". "내 마음을 다 아는 것 같았다", "바로 답을 주더라"라고 말한다.

무속은 왜 응답이 빠르게 느껴지는가? 이것은 단순한 착각인가 아니면 구조적 특성인가?

앞서 1장에서 살펴본 빠른 응답을 네 가지 측면에서 좀 더 자세히 분석해 보면 다음과 같다.

첫째, 의례의 즉시성

무속은 '지금-여기(now & here)'의 문제를 다룬다. 사후나 내세가 아니라 현실 사건이 중심이다. 질문하면 즉각적으로 해석하고, 즉각적으로 처방한다.

기독교와 비교해 보자. 기독교인이 "주님, 이 어려움을 해결해 주소서"라고 기도한다. 언제 응답이 오는가? 알 수 없다. 하나님의 때가 있기 때문이다. 어쩌면 이번 생에는 응답이 없을 수도 있다. 내세에 가서야 이해할 수 있을지 모른다.

불교는 어떤가? 불자가 "부처님, 제 사업이 잘되게 해 주소서"라고 기도하면, 스님은 "집착을 버리시오. 결과에 연연하지 마시오. 모든 것은 인연입니다"라고 말한다. 이것은 지혜로운 말이지만 지금 당장의 문제를 해결하지는 못한다.

무속은 다르다. 점을 보러 가서 "사업이 안 됩니다. 어떻게 해야 합니까?"라고 물으면, 무당은 점을 치고 바로 "터가 나쁩니다. 이사를 하세요" 혹은 "조상이 화가 났습니다. 제사를 지내세요" 혹은 "액운이 있습니다. 액막이를 하세요"라고 말한다.

이것이 과학적으로 옳은가? 그것은 별개의 문제다. 중요한 것은 지금 답을 받았다는 느낌이다. 무엇을 해야 할지 알게 되었다. 기다리지 않아도 된다. 불확실성이 감소한다.

무속의 강점은 빠른 응답이지만 위험 또한 빠르다. 즉답은 불안을 줄이지만 판단력을 대신할 수는 없다.

둘째, 맞춤형 응답 구조

무속은 교리가 없다. 이것은 약점처럼 보이지만 실제로는 강점이다. 교리가 없기 때문에 개인 상황에 1:1로 맞출 수 있다.

제도 종교의 설교를 생각해 보자. 목사나 스님은 불특정 다수를 대상으로 설교한다. 일반적인 진리와 보편적인 가르침, 즉 "사랑하라, 베풀어라, 집착을 버려라" 등을 가르친다. 이것들은 옳은 말이지만 내 문제에 직접 대응하지는 않는다.

무속은 다르다. 무당은 이 사람, 이 문제를 다룬다. 점사나 굿은 개인 맞춤형이다. 무당은 질문자의 얼굴을 보고 목소리를 들으면서 분위기를 읽는다. 그리고 그 사람에게 맞는 해석을 제공한다. "당신의 아들이 아픈 것은 당신이 어렸을 때 돌아가신 할머니가 손주를 보고 싶어서입니다"라고.

이것은 일반론이 아니다. 이 사람의 이 상황에 대한 특정한 해석이다. 듣는 사람은 '내 이야기를 하고 있구나' 하며 놀란다.

이것은 냉독(Cold Reading) 기법과 유사하다. 냉독은 심리학에서 연구된 기술로, 상대방의 반응을 보면서 정보를 추론하고, 마치 미리 알고 있었던 것처럼 말하는 방법이다. 점쟁이나 영매들이 사용하는 기법이다.

무당도 이런 기술을 사용하는가? 그럴 수 있다. 그러나 냉독이라고 해서 가치가 없는 것은 아니다. 중요한 것은 상대방이 자신의 이야기를 들었다고 느끼는 경험이다. 누군가 내 이야기를 들어주고, 내 상황을 이해하며, 내 문제에 대해 구체적으로 말해 준다. 이것 자체가 치유적이다.

무속의 강점은 맞춤형 응답이다. 교리 없음은 약점이 아니라 개인 서사를 재구성할 수 있는 유연성이다.

셋째, 상징 언어의 압축 효과

무속은 복잡한 현실을 "조상이 화났다", "귀신이 붙었다", "액운이 있다", "터가 나쁘다"와 같은 단순한 상징으로 압축한다.

이런 표현들은 과학적으로 정확하지 않다. 그러나 인지적으로 효율적이다. 복잡한 인과관계를 설명하지 않고 하나의 원인으로 단순화한다. 이것은 인지 부담을 줄인다.

예를 들어보자. 사업이 계속 안 된다. 왜 그런가? 과학적으로 분석하면 원인이 복잡하다. 시장 상황, 경쟁 상태, 자금 문제, 인력 문제, 마케팅 실패, 운영 미숙 등 이 모든 것을 다 파악하고 하나하나 해결하려면 막막하다.

무당은 "터가 나빠서입니다"라고 말한다. 하나의 원인이다. 그리고 하나의 해결책 "이사를 하거나 터를 정화하는 굿을 하세요"라고 말한다. 갑자기 단순해지고, 할 일이 명확해진다.

이것이 실제 문제를 해결하는가? 그것은 다른 문제다. 그러나 심리적으로는 작동한다. 복잡함이 단순함으로 바뀌고, 막막함이 방향성으로 바뀌며, 무기력이 행동으로 바뀐다.

상징 언어의 압축은 복잡한 현실을 단문으로 환원한다. 이것은 인지적 부담을 감소시키고, '답을 받은 느낌'을 강화한다.

넷째, 심리·사회적 기능

무속의 빠른 응답은 여러 심리적 기능을 수행한다. 먼저 불확실성이 감소한다. 미래는 불확실하다. 사업이 잘될지, 시험에 합격할지, 관계가 회복될지 알 수 없다. 이 불확실성은 불안을 만든다. 무속은 즉각적으로 원인과 의미를 제시한다.

또한 결정 피로(Decision Fatigue)가 해소된다. 현대인은 끊임없이 결정해야 한다. 무엇을 먹을지, 무엇을 입을지, 어떤 직장을 선택할지, 누구와 결혼할지 등 결정 피로가 쌓인다. 무속은 결정을 신의 뜻으로 외주하면서 "신이 그렇게 말했으니 그렇게 하자"라고 하면 결정의 부담이 줄어든다.

감정이 정리된다. 불안, 죄책감, 분노, 슬픔 같은 감정들은 명명되지 않으면 더 혼란스럽다.

무속은 감정을 명명한다. 즉 "그것은 조상의 노여움이다", "그것은 귀신의 장난이다", "그것은 액운이다"라고 하면 감정이 외재화되고, 다룰 수 있는 대상이 된다.

통제감도 회복된다. 위기 상황에서 가장 고통스러운 것은 무력감이다. 아무것도 할 수 없다는 느낌에 무속은 행동 지침을 제공한다. "제사를 지내라", "굿을 하라", "부적을 가지고 다녀라" 등 구체적인 행동이 생긴다.

요소	설명
불확실성 감소	즉각적 원인과 의미 제시
결정 피로 해소	선택을 '신의 뜻'으로 외주
감정 정리	불안과 죄책감의 명명
통제감 회복	행동 지침 제공

이 표를 문장으로 풀면 이렇다. 무속은 즉각적으로 원인과 의미를 제시해 불확실성을 감소시킨다. 선택을 신의 뜻으로 외주함

으로써 결정 피로를 해소한다. 불안과 죄책감에 이름을 붙여 감
정을 정리하게 한다. 구체적인 행동 지침을 제공해 통제감을 회
복시킨다.

빠른 응답의 양면성: 치유 vs 의존

빠른 응답은 강력한 치유 도구다. 그러나 동시에 의존의 위험
도 내포한다. 즉답은 불안을 줄이지만 스스로 생각하는 능력을
약화시킬 수 있다. 계속해서 무당에게 물어보게 되면 자기 판단
력이 저하된다. 작은 일도 점을 보고, 모든 결정을 신탁에 의존하
게 된다.

응답의 속도가 아니라 응답 이후의 자유가 신앙의 기준이다.
응답 이후의 자유란 무엇인가? 응답을 받은 후에 그 응답을 받아
들일지 거부할지, 따를지 말지 스스로 결정할 수 있는 자유다. 만
약 무당의 말을 절대적으로 따라야 한다면 그것은 치유가 아니라
통제다.

전통 무속에는 이런 장치가 있었다. 굿은 끝난다. 의례가 종결
되면 관계도 종결된다. 무당과 신도는 지속적 관계를 맺지 않는
다. 필요할 때 찾아가고, 끝나면 돌아온다. 이것이 건강한 무속의
형태다.

그러나 현대 무속에는 이 원칙이 깨지는 경우가 많다. 계속해
서 굿을 하게 만들고, 반복적으로 점을 보게 하며, 의존 구조를 만
든다. 이것은 무속이 아니라 사이비로 가는 길이다.

무당·법사·만신의 차이

무속을 수행하는 사람들을 통칭해서 무당이라 부르지만, 사실 내부에는 다양한 유형이 있다. 무당, 법사, 만신, 무녀, 박수 등 이들은 무엇이 다른가?

무당: 신을 받는 자

무당(巫堂)은 신과 인간 사이의 중개자다. 단순한 점쟁이가 아니라 의례 전문가이자 상징 해석자이며 심리 조정자다. 무당은 크게 강신무와 세습무 두 유형으로 나뉜다.

❶ 강신무(降神巫)

신내림, 즉 신병(神病)을 통해 무당이 된다. 서울, 경기, 중부지역에 주로 분포한다.

신병이란 무엇인가? 갑자기 정신이 이상해지고, 몸이 아프며, 이상한 환청과 환각을 경험한다. 병원에 가도 원인을 찾을 수 없다. 무당에게 찾아가면 "신이 내리려고 합니다. 무당이 되어야 낫습니다"라고 말한다.

이것을 과학적으로 설명하면 해리성 장애, 환청, 환각 등 정신질환일 수 있다. 그러나 무속에서는 이것을 신의 부름으로 해석한다. 신이 이 사람을 선택했고, 무당이 되라고 부르는 것이다.

신병을 앓던 사람이 무당이 되면 증상이 사라진다. 왜 그런가? 심리학적으로 보면 정체성을 재구성했기 때문이다. '나는 병든 사람'에서 '나는 신이 선택한 사람'으로 바뀐다. 역할이 주어지고, 목적이 생기며, 공동체 안에서 자리를 찾는다.

❷ 세습무(世襲巫)

가문 대대로 전승되며, 남부와 동해안, 제주 지역에 주로 분포한다.

세습무는 신내림을 경험하지 않는다. 대신 어릴 때부터 집안의 무당을 보며 자란다. 무가를 배우고, 춤을 익히며, 의례 절차를 습득한다. 일정 나이가 되면 정식으로 무당이 된다.

강신무와 세습무의 차이는 권위의 근원이다. 강신무는 신의 선택을 근거로 한고("신이 나를 선택했다"), 세습무는 전승의 정통성을 근거로 한다("우리 집안이 대대로 해왔다").

성별과 역할은 어떤가? 여성 무당이 다수지만 남무(박수)도 존재한다. 무당은 노래(무가), 춤(무무), 말(신탁), 제의 운영을 모두 수행한다. 종합 예술가에 가깝다.

법사: 법으로 신을 다루는 기술자

법사(法師)는 무당과 다르다. 가장 큰 차이는 힘의 근원이다. 법사는 원래 불교(밀교)와 도교(도사 전통)에서 유래했다. 무속과 결합하면서 주문, 부적, 퇴마, 해원 의례를 담당하게 되었다.

무당은 신을 통과시키고, 신이 무당의 몸에 내려와 말한다. 반면 법사는 법으로 신을 다룬다. 주문을 외우고, 부적을 그리며, 의례 절차를 통해 신을 부르거나 쫓는다.

왜 법사는 더 강해 보이는가? 명확한 절차와 도구(부적, 주문, 방울, 칼 등)가 있기 때문이다. "제압한다", "퇴치한다", "막는다"라는 행동 언어를 사용한다. 신의 말보다 사람의 기술이 전면에 나온다. 위기 상황에서 통제감을 더 강하게 제공한다.

"법은 쓰되, 신을 속이지 말라", "법이 앞서면 신이 멀어진다" 등 전통 무속에는 경계가 있다. 법사가 기술자에서 권위자로 변할 때 사이비화 위험이 커진다.

구분	무당	법사
힘의 근원	신내림·강신	법문·주문·법식
수행 방식	신이 임함	사람이 신을 부름
의례 성격	신탁·굿	퇴마·제압·정화
권위	매개자	집행자
실패 시 설명	신의 뜻	법식 미흡

만신: 많은 신을 모시는 최고 단계

만신(萬神)은 직업명이 아니라 경지를 나타낸다. 무녀나 무당 중에서 오랜 세월 수행하고 신력이 깊어지면 만신이라 칭한다.

만신은 여러 신령을 자유롭게 모실 수 있다. 조상신, 장군신, 산신, 용왕 등 상황에 따라 적절한 신을 부른다. 큰 굿(대굿, 진오기굿)을 주관할 수 있으며, 다른 무당의 스승 역할을 한다. 지역 사회에서 영험한 무당으로 알려진다.

만신의 위상은 어떻게 결정되는가? 스스로 선언하는 것이 아니다. 공동체가 인정한다. 오랜 세월 굿을 해왔고, 많은 사람을 도왔으며, 신의 말이 자주 맞았다. 이런 평판이 쌓여 만신으로 인정받는다.

한편 21세기 비유로 무녀는 '음악가', 만신은 '거장(마스터)', 법사는 '작곡가 또는 지휘자'로 설명할 수 있다.

무녀는 신을 받고 굿을 한다. 기본적인 무속인이다. 만신은 오랜 경험과 뛰어난 능력을 지닌 최고 수준의 무속인이다. 법사는 법과 주문으로 의례를 구성하고 집행하는 기술 전문가다.

역할의 차이

무당, 법사, 만신의 역할을 상황별로 비교해 보자. 갑작스러운 죽음이 발생했을 때 무당은 망자의 넋을 불러 신탁을 받고 유족에게 전하며, 천도굿을 주관한다. 법사는 주문과 법식으로 넋을 저승으로 보내며, 정화 의례를 한다. 그리고 만신은 전체 의례를 총괄하고, 여러 신령을 부르며, 복잡한 상황을 조율한다.

또한 사업이 안 될 때 무당은 점을 보고 "조상이 화났다", "터가 나쁘다" 등 원인을 말한다. 법사는 액막이나 터 정화를 하고 부적을 준다. 그리고 만신은 전체 상황을 파악하고, 장기적 대응 방안을 제시한다.

질병이 계속될 때 무당은 귀신이 붙었는지 확인하고 치병굿을 한다. 법사는 퇴마 의식을 하면서 주문으로 귀신을 쫓는다. 그리

고 만신은 질병의 심리적·영적 원인을 종합적으로 파악하고, 의
례와 상담을 병행한다.

현대적 변화

전통적으로 무당, 법사, 만신의 구분이 명확했지만, 현대에는
경계가 모호해지고 있다. 한 사람이 무당이면서 법사 역할도 하
고, 시간이 지나면 만신으로 불리기도 한다. 중요한 것은 명칭이
아니라 기능이며 윤리다.

무당은 신을 통과시키고, 법사는 법으로 다룬다. 만신은 많은
신을 모시는 경지에 이른 자다. 그러나 이 모든 역할에서 중요한
것은 신의 권위가 아니라 사람의 자유다.

무당이든 법사든 만신이든 그들이 해야 할 일은 명확하다. 위
기에 처한 사람을 돕고, 의례를 통해 정리하게 하며, 다시 살아갈
힘을 주는 것이다. 그리고 의례가 끝나면 사람들을 보내야 한다.
의존시키지 않고 자립하게 해야 한다. 이것이 무속인의 윤리다.

이 장에서 살펴본 내용을 핵심적인 문장으로 정리하면 다음과
같다.

- 무속의 신은 창조주도, 전능자도, 고정된 인격신도 아니다.
  무속의 신은 자연과 조상, 역사적 기억이 상징화된 것이다.
  신은 의례 속에서 드러나고 관계 속에서 경험된다.
- 신을 믿지 않아도 굿을 이해할 수 있다. 굿은 신의 실재를 증

명하려는 것이 아니라 인간의 불안과 상실을 다루는 문화적 시스템이기 때문이다.

- 무속은 응답이 빠르다. 의례의 즉시성, 맞춤형 응답 구조, 상징 언어의 압축, 심리적 기능 등 이 모든 것이 빠른 응답을 가능하게 한다. 그러나 빠른 응답은 양날의 검이다. 치유가 될 수도, 의존이 될 수도 있다. 중요한 것은 응답 이후의 자유다.
- 무당, 법사, 만신은 각기 다른 역할을 수행한다. 무당은 신을 받고, 법사는 법으로 다루며, 만신은 많은 신을 모시는 경지에 이른다. 그러나 이들 모두에게 공통된 윤리가 있다. 신의 권위가 아니라 사람의 자유를 기준으로 삼아야 한다는 것이다.
- 무속의 신은 실체가 아니라 관계다.

다음 장에서는 무속의 사후세계관을 살펴볼 것이다. 열시왕 체계는 처벌의 시스템인가, 치유의 시스템인가? 49재, 100일, 1년, 3년의 제사는 무엇을 의미하는가? 죽음 이후, 무속은 무엇을 말해왔는가를 탐구할 것이다.

3장

죽음 이후,
무속은 무엇을 말해왔는가
_ 사후세계관과 열시왕 체계

한국 무속의 사후세계 구조

"사람은 죽으면 어디로 가는가?"

이것은 인류가 가장 오래 묻고, 가장 다양하게 답해 온 질문이다. 종교마다, 시대마다 답이 달랐다. 그러나 한 가지는 공통적이었다. 거의 모든 문화가 죽음을 끝이 아니라 전환으로 이해했다는 점이다.

한국 무속도 마찬가지다. 무속에서 죽음은 존재의 소멸이 아니라 형태의 변화다. 살아 있을 때는 육신을 가진 존재였고, 죽은 후에는 영혼의 형태로 존재한다. 문제는 어떤 형태의 영혼이 되는가, 어디로 가는가 하는 것이다.

무속에서 사후세계는 단일한 천국과 지옥의 구조가 아니라 영혼의 상태·원한·죽음의 방식·굿 여부에 따라 갈라지는 유동적 구조다. 핵심은 '영혼이 제대로 자리 잡았는가'이다.

천국이나 지옥으로 단순하게 나뉘는 것이 아니다. 영혼의 상태가 중요하다. 평안하게 죽었는가, 원통하게 죽었는가. 장례를 제대로 치렀는가, 굿을 했는가. 이런 것들이 영혼의 행방을 결정한다.

인간의 구성: 넋과 얼

무속에서 사람은 단일한 존재가 아니다. 여러 요소로 구성되어 있다. 사람은 죽으면 끝이 아니라 구성 요소가 분리된다. 육신은 현세에 남고, 넋(혼)은 사후세계로 가야 할 존재다. 얼과 기운은 죽음의 상태에 따라 남거나 흩어진다. 분리가 제대로 안 되면 문제가 생긴다.

- **육신(肉身)**: 물질적 몸이다. 죽으면 땅에 묻힌다. 썩어서 흙으로 돌아간다. 이것은 자연의 순환이다.
- **넋(혼, 魂)**: 의식과 정신이다. 죽은 후 저승으로 가야 한다. 넋이 제대로 가지 못하면 이승을 떠돈다. 이것이 문제가 된다.
- **얼(기운, 魄)**: 생명력이다. 죽으면 흩어진다. 그러나 갑작스럽게 죽거나 원한이 크면 얼이 완전히 흩어지지 않고 남아 있을 수 있다.

이 세 요소가 제대로 분리되고, 각자 가야 할 곳으로 가야 죽음이 완결된다. 그런데 분리가 안 되면 어떻게 되는가?

육신은 묻혔는데 넋이 가지 못하면 넋은 무덤 주변을 떠돈다.

얼이 남아 있으면 산 사람에게 영향을 미친다. 병이 들거나 악몽을 꾸거나 불안에 시달린다. 그래서 굿이 필요하다. 굿은 이 분리를 도와주는 의례다.

사후세계의 큰 구조

무속의 사후세계는 세 단계로 구성된다.

❶ 이승(현세)

살아 있는 인간의 세계다. 그런데 죽은 뒤에도 미련이나 원한, 집착이 강하면 넋이 이승에 머물 수 있다.

왜 이승에 머무는가? 죽음을 받아들이지 못해서다. 갑작스러운 죽음, 억울한 죽음, 원통한 죽음의 경우 넋은 "나는 죽지 않았다"라고 생각한다. 혹은 "이렇게 죽을 수 없다"라고 저항한다. 그래서 이승을 떠나지 못한다.

가족에 대한 미련도 크다. 어린 자식을 두고 죽은 어머니, 늙은 부모를 두고 죽은 아들의 넋은 가족 곁을 떠나지 못한다. 보고 싶고, 걱정되고, 아심할 수 없다.

재산에 대한 집착도 있다. 평생 모은 재산을 두고 죽으면 그 재산이 걱정된다. 누가 쓰는지, 제대로 관리되는지. 이런 집착이 넋을 붙잡는다.

❷ 중음계(中陰界, 머무는 세계)

무속에서 매우 중요한 영역이다. 넋이 완전히 저승으로 가지 못하고 머무는 상태다. 이유는 갑작스러운 죽음, 한(恨)이 크고 장례·굿이 제대로 안 됨이다. 이 상태의 영혼을 흔히 떠도는 넋, 객귀, 잡귀라고 부른다.

갑작스러운 죽음은 준비가 안 된 죽음이다. 교통사고, 익사, 추락사, 돌연사 등 본인도 죽었다는 사실을 인식하지 못한다. 그래서 계속 이승을 떠돈다.

한이 크면 저승에 갈 수 없다. 한은 풀리지 않은 원한, 응어리진 감정이다. 억울하게 죽었거나, 배신당했거나, 복수하지 못했거나. 이런 한을 품으면 넋이 저승 문 앞까지 갔다가도 돌아선다.

장례와 굿이 제대로 안 되면 넋은 길을 찾지 못한다. 장례는 죽은 자를 보내는 의례다. 가족이 모여 슬퍼하고 고인을 기리며 작별 인사를 한다. 이것이 넋에게 "너는 이제 갈 때가 되었다"라는 신호다. 굿도 마찬가지다. 굿을 통해 넋에게 "이승에 미련을 두지 마라. 저승으로 가라"라고 말한다.

이런 의례가 없으면 넋은 혼란스럽다. 가야 할지 말아야 할지 모른다. 그래서 중음계를 떠돈다.

중음계에 있는 영혼은 위험하다. 산 사람에게 해를 끼칠 수 있다. 왜냐하면 불안정하고, 원한이 있으며, 방향을 잃었기 때문이다.

✳ 넋을 달래는 굿

넋을 달래는 굿은 영혼을 다음 단계로 보내기 위한 의례의 수순이다. 씻김굿, 천도굿, 진오기굿 등은 모두 중음계에 머무는 넋

❸ 저승(사후세계의 중심)

넋이 최종적으로 도착하는 곳이다. 그런데 저승도 단일하지 않다. 불교, 유교, 무속이 섞여서 복잡한 구조를 이룬다. 불교·유교와 섞여 형성된 무속적 저승세계의 열시왕(十王)은 동아시아 불교와 민간 신앙에서 사후세계를 심판하고 질서를 유지하는 저승의 재판관 체계다. 이는 종교 신앙을 넘어 죽음 이후의 세계를 윤리, 책임, 질서로 설명하려는 문화적 장치다.

저승은 혼돈의 세계가 아니다. 질서가 있다. 그 질서를 관리하는 것이 열시왕이다.

열시왕, 처벌이 아닌 정리의 시스템

열시왕이란 무엇인가

열 명의 왕(十王). 사람이 죽은 뒤 저승에서 차례로 만나게 되는 열 명의 왕(재판관)이다. 망자 생전의 업·덕·죄를 심문하고 다음 단계를 결정한다.

열시왕은 어디서 왔는가? 순수한 한국 무속의 산물이 아니다. 불교의 업보·윤회 사상과 중국 도교·민간 사후 심판 체계가 결합된 것이다.

불교는 업(業)을 말한다. 생전에 지은 행위가 사후를 결정한다. 선업을 쌓으면 좋은 곳에 태어나고, 악업을 쌓으면 나쁜 곳에 태어난다. 이것이 윤회다.

도교와 중국 민간 신앙은 저승의 관료제를 상상했다. 저승에도 왕이 있고, 관리가 있으며, 법정이 있다. 죽은 자는 재판을 받고, 기록이 남으며, 판결이 내려진다. 이 두 가지가 합쳐져서 열시왕 체계가 만들어졌다. 그리고 한국에 들어오면서 무속과 결합했다.

중요한 것은 열시왕의 목적이다. 열시왕은 처벌이 목적이 아니라 업의 정산과 길을 안내한다. 열시왕은 형벌의 신이 아니라 '사후 질서 관리자'다.

열시왕은 복수하거나 벌주려는 것이 아니다. 그들의 역할은 업을 정리하고, 다음 생을 안내하는 것이다. 재판은 있지만 그것은 정리 과정이다.

업경대, 모든 것을 비추는 거울

열시왕들은 어떻게 심판하는가? 열시왕들은 업경대(業鏡臺)를 통해 이승에서 행한 온갖 선악의 행위를 비추어 본다. 업경대는 거울이다. 그런데 보통 거울이 아니다. 이승에서 했던 모든 행위가 비친다. 착한 일도, 나쁜 일도, 숨긴 일도, 잊은 일도 모두 드러난다.

망자는 거짓말할 수 없고, 부인할 수도 없다. 업경대가 모든 것을 보여주기 때문이다. 이것은 공포스러운 장치인가? 그렇게만

볼 수는 없다.

업경대는 사실 자기 확인의 도구다. 내가 어떻게 살았는지 돌아보는 거울이다. 현대적으로 말하면 인생 회고(Life Review)다. 죽음을 앞두고, 혹은 죽은 후에 자신의 삶을 돌아본다. 무엇을 했고, 무엇을 못 했으며, 무엇을 후회하는가.

열시왕은 이 거울을 통해 망자와 "너는 이런 일을 했다. 기억하는가?"라고 대화한다. "이때 너는 왜 그렇게 행동했는가?" 이것은 심문이지만 동시에 정리의 과정이다.

열시왕의 심판 일정

그렇다면 열시왕은 언제 만나는가?

제-전	열시왕의 명	담당 지옥과 형벌	심판기일(사망 후)
제1전	진광대왕(秦廣大王)	도산지옥(刀山地獄)	7일째
제2전	초강대왕(初江大王)	화탕지옥(火湯地獄)	14일째
제3전	송제대왕(宋帝大王)	한빙지옥(寒氷地獄)	21일째
제4전	오관대왕(五官大王)	검수지옥(劍樹地獄)	28일째
제5전	염라대왕(閻羅大王)	발설지옥(拔舌地獄)	35일째
제6전	변성대왕(變成大王)	독사지옥(毒蛇地獄)	42일째
제7전	태산대왕(泰山大王)	거해지옥(鋸骸地獄)	49일째(제)
제8전	평등대왕(平等大王)	철상지옥(鐵床地獄)	100일째
제9전	도시대왕(都市大王)	풍도지옥(風途地獄)	1년째(기제사)
제10전	오도전륜왕(五道轉輪大王)	흑암지옥(黑闇地獄)	3년째(탈상)

이 표를 보면 놀라운 사실을 발견할 수 있다. 심판 일정이 제사 주기와 정확히 일치한다.

7일째 첫 심판, 14일째 두 번째, 21일째 세 번째... 49일째 일곱 번째 심판. 그리고 100일째, 1년째, 3년째.

이것은 우연이 아니다. 이 표는 제사의 근거가 되는 체계다. 열시왕 체계는 제사 일정을 정당화한다.

왜 7일마다 제사를 지내는가? 그때 망자가 심판을 받기 때문이다. 유족이 제사를 지내면 공덕이 되어 심판에 도움이 된다.

왜 49일이 중요한가? 일곱 번째 심판이 끝나는 날이기 때문이다. 이때 대부분의 망자는 다음 생의 윤회처가 결정된다.

왜 100일, 1년, 3년에 제사를 지내는가? 추가 심판이 있기 때문이다. 특히 3년째는 최종 심판이다. 이때 완전히 정리된다.

그런데 여기서 중요한 질문을 해야 한다. 이것이 정말 사후세계의 사실인가? 죽으면 정말 이런 일이 벌어지는가?

그것은 증명할 수 없다. 그러나 중요한 것은 다른 것이다. 이 체계가 산 자에게 무엇을 제공했는가?

산 자를 위한 시스템

열시왕 체계는 죽은 자를 위한 것처럼 보이지만, 사실은 산 자를 위한 것이다.

갑작스럽게, 혹은 오랜 병 끝에 가족이 죽었다. 유족은 충격에 빠진다. 슬프고, 혼란스러우며, 무엇을 해야 할지 모른다.

열시왕 체계는 유족에게 일정표를 준다. 7일째 제사, 14일째 제사, 21일째 제사. 무엇을 해야 할지 명확하다. 제사를 준비하고, 음식을 차리고, 가족이 모인다. 이것은 애도의 구조화다.

심리학에서는 애도 과정을 단계적으로 설명한다. 부정, 분노, 협상, 우울, 수용. 그런데 이 단계를 혼자 거치기는 어렵다. 외부의 도움과 구조가 필요하다.

열시왕 체계는 바로 그 구조를 제공한다. 7일마다 제사를 지내며 유족은 조금씩 "죽었구나. 정말 갔구나. 이제 보낼 때가 되었구나"라며 받아들인다.

49일째가 되면 큰 제사를 지낸다. 49재, 혹은 사십구일이다. 이때 유족은 비로소 일상으로 돌아간다. 망자는 저승으로 갔다고 여겨진다. 애도의 첫 단계가 끝난다.

100일째, 1년째, 3년째 제사를 지내며 애도는 점점 완결된다. 3년째 탈상을 하면 완전히 정리된다. 망자는 조상이 되고, 유족은 평범한 삶으로 돌아간다.

열시왕 체계는 죽은 자를 심판하기 위한 것이 아니라 산 자가 죽음을 정리하기 위한 것이었다. 7일마다 제사를 지내며 유족은 죽은 자를 조금씩 보낼 수 있었다. 49일째가 되면 망자는 저승으로 갔다고 여겨졌고, 유족은 비로소 일상으로 돌아갈 수 있었다. 이것은 처벌의 시스템이 아니라 정리의 시스템이다.

열시왕의 심판

각 왕이 담당하는 죄목과 지옥을 살펴보자.

제1전: 진광대왕 _ 도산지옥(사망 후 7일째)

주로 살생의 죄를 집중적으로 다룬다. 동물을 죽이거나 사람에게 상해를 입히는 등 생명을 경시한 모든 행위와 구두쇠, 부모에게 불효한 자는 심판의 대상이 된다. 죄가 무거운 망자는 칼날이 솟아 있는 산을 오르내리거나 날카로운 칼날로 이루어진 다리를 건너야 하는 고통을 겪게 된다. 이 고통은 살아생전 다른 생명에게 가한 고통을 그대로 되돌려 받는 형벌이다.

도산지옥(刀山地獄). 칼산이다. 칼날이 솟아 있는 산을 오르내려야 한다. 왜 이런 형벌인가?

생명을 죽이는 것은 칼로 베는 것과 같다. 살생은 생명을 자르는 행위다. 그 고통을 망자가 그대로 받는다. 칼에 베이고, 찔리고, 찢긴다.

그런데 여기서 중요한 것은 "살생하지 마라. 생명을 소중히 여겨라. 부모에게 불효하지 마라. 구두쇠가 되지 마라"라는 도덕적 메시지다

이것은 공포를 주려는 것이 아니라 윤리를 가르치는 것이다. 산 사람들이 이 이야기를 들으면 '나도 저렇게 될까? 그럼 살생하지 말아야겠다'라고 생각한다.

제2전: 초강대왕 _ 화탕지옥(사망 후 14일째)

계(戒)를 파하고 중생을 죽여 고기를 먹은 사람 또는 중생을 태워 죽인 사람, 도둑질, 사기, 횡령 그리고 약속을 어기거나 빚을 갚지 않는 등 타인의 재산이나 신뢰를 침해한 죄를 심판한다. 이

무속을 다시 묻다

제1전 진광대왕(秦廣大王) _ 도산지옥(사망 후 7일째)

제2전 초강대왕(初江大王) _ 화탕지옥(사망 후 14일째)

곳의 망자들은 펄펄 끓는 뜨거운 물이나 용암, 염산탕 속에 던져져 몸이 녹아내리는 극심한 고통을 받는다. 이는 남의 것을 탐하고 부당하게 취한 행위에 대한 응보로, 그들의 탐욕을 불로 다스리는 형벌이다.

화탕지옥(火湯地獄). 불과 끓는 물의 지옥이다. 도둑질, 사기, 횡령 등은 남의 것을 빼앗는 죄다.

왜 불에 태우는가? 탐욕은 뜨겁다. 탐욕은 타오르는 불길처럼 사람을 집어삼킨다. 그 불에 망자가 타들어 간다.

도덕적 메시지는 명확하다. 남의 것을 탐하지 마라. 약속을 지켜라. 빚을 갚아라. 신뢰를 저버리지 마라.

제3전: 송제대왕 – 한빙지옥(사망 후 21일째)

음란죄, 남을 배신한 죄, 은혜를 저버린 죄 그리고 고통받는 사람을 보고도 외면하며 위로하지 않은 죄 등을 다스린다. 이 지옥은 끝없는 혹한과 얼음으로 가득 차 있다. 망자들은 몸이 꽁꽁 얼어붙거나 날카로운 얼음 조각에 찢기는 고통을 겪게 되며, 이는 따뜻한 마음과 인정을 베풀지 않고 차갑게 행동했던 죄에 대한 형벌이다.

한빙지옥(寒氷地獄). 추운 얼음의 지옥이다. 왜 얼음인가? 차가운 마음은 얼음과 같다. 따뜻함이 없고, 인정이 없으며, 공감이 없다. 그 차가움에 망자가 얼어붙는다.

도덕적 메시지는 명확하다. 따뜻하게 대하라. 은혜를 잊지 마라. 고통받는 사람을 외면하지 마라.

제3전 송제대왕(宋帝大王) _ 한빙지옥(사망 후 21일째)

살인과 도둑질, 사음(邪淫)·망서(妄說), 거짓말, 이간질, 험담 등 말로 지은 죄(구업)를 집중적으로 심판한다. 특히 사람들을 현혹하거나 속이려고 의도적으로 거짓말을 한 경우 죄가 더 무겁게 다뤄진다. 검수지옥은 날카로운 칼날이 나무처럼 솟아 있는 숲으로, 망자들은 이 숲을 헤매면서 온몸이 찢기고 베이는 고통을 겪게 되는 형벌이다.

검수지옥(劍樹地獄). 칼나무 숲이다. 거짓말, 이간질, 험담 등은 말로 지은 죄다. 말은 칼보다 날카롭다. 말로 사람을 상처 입히고, 관계를 망치며, 공동체를 파괴한다. 그 날카로움에 망자가 찢긴다.

도덕적 메시지는 명확하다. 말조심하라. 거짓말하지 마라. 이간질하지 마라. 험담하지 마라.

제5전: 염라대왕 – 발설지옥(사망 후 35일째)

망자가 살아생전 아첨하거나 남을 비방하고, 헛된 소문을 퍼뜨리는 등 입으로 지은 갖가지 죄를 심판한다. 발설지옥에서는 죄인의 혀를 뽑아 길게 늘어뜨린 후 소가 밭을 갈게 하거나 칼로 혀를 자르는 등 끔찍한 고통을 겪게 된다. 거짓되고 해로운 말을 함부로 내뱉은 것에 대한 직접적인 응보의 형벌이다.

발설지옥(拔舌地獄). 혀를 뽑는 지옥이다. 아첨, 비방, 헛소문 등은 혀로 지은 죄다. 혀가 문제의 근원이면 혀를 뽑는다. 직접적이고 상징적인 형벌이다.

그런데 여기서 중요한 것은 염라대왕이다. 열시왕 중 가장 유

제4전 오관대왕(五官大王) _ 검수지옥(사망 후 28일째)

무속을 다시 묻다

제5전 염라대왕(閻羅大王) _ 발설지옥(사망 후 35일째)

명한 왕이다. 왜 염라대왕이 가장 유명한가?

염라대왕은 열시왕 중 5번째 재판관이다. 대중적으로 '저승의 왕'으로 알려져 있다. 실제로는 중간 종합심판관이다. 최종 결정 권자는 오도전륜왕(전륜대왕)이다.

염라대왕은 공포의 상징이 아니라 가장 인간적인 재판관으로 묘사된다. 염라대왕은 무섭지만 공정하고, 엄격하지만 인간을 이해한다. 그래서 사람들은 염라대왕을 두려워하면서도 신뢰한다.

제6전: 변성대왕 – 독사지옥(사망 후 42일째)

주로 남에게 시기, 질투, 미움 등 악한 마음을 품거나 불필요한 경쟁과 다툼을 조장한 죄를 심판한다. 독사지옥에서는 수많은 독사들이 득실거리는 구덩이에 망자들을 던져 넣어 독사에 물리고 찢기는 고통을 겪게 하는 형벌이다.

독사지옥(毒蛇地獄). 뱀의 지옥이다. 시기와 질투는 뱀의 독과 같다. 자신도 괴롭고, 상대도 괴롭게 만든다. 그 독이 뱀의 독으로 돌아온다.

도덕적 메시지는 명확하다. 시기하지 마라. 질투하지 마라. 미워하지 마라.

제7전: 태산대왕 – 거해지옥(사망 후 49일째)

부모에게 불효한 죄, 스승을 존경하지 않은 죄 그리고 사회의 질서를 어지럽힌 죄 등을 다룬다. 거해지옥에서는 죄인을 산 채로 톱질하거나 몸을 잘라내는 끔찍한 고통을 겪게 한다. 이는 육

제6전 변성대왕(變成大王) _ 독사지옥(사망 후 42일째)

제7전 태산대왕(泰山大王) _ 거해지옥(사망 후 49일째)

신으로 지은 무거운 죄와 뿌리를 흔드는 행위에 대한 극심한 벌을 의미한다.

거해지옥(鋸骸地獄). 톱으로 자르는 지옥이다. 불효, 스승 무시, 사회 질서 파괴. 49일째는 매우 중요하다. 일곱 번째 심판이고, 대부분의 망자는 여기서 윤회처가 결정된다.

불효는 뿌리를 자르는 것과 같다. 부모는 나의 뿌리다. 뿌리를 자르면 나무가 죽는다. 그 죄로 몸이 잘린다.

도덕적 메시지는 명확하다. 부모에게 효도하라. 스승을 존경하라. 사회 질서를 지켜라.

제8전: 평등대왕 – 철상지옥(사망 후 100일째)

불의를 보고도 외면하거나 약자를 학대하고 억압한 죄 그리고 사회적 불평등을 야기한 죄 등을 다룬다. 철상지옥에서는 뜨겁게 달궈진 쇠로 된 침대나 철판 위에 망자를 눕히거나 거대한 철산 사이에 죄인들을 끼워 넣는 등 고통스러운 형벌을 내린다. 이는 생전에 불공평한 행위를 했거나 약자의 고통을 외면한 죄에 대한 엄정한 심판이다.

철상지옥(鐵床地獄). 쇠침대 지옥이다. 불의 외면, 약자 학대, 불평등 조장. 평등대왕이라는 이름이 상징적이다. 평등을 지키지 않은 자를 심판한다.

도덕적 메시지는 명확하다. 불의를 외면하지 마라. 약자를 보호하라. 평등하게 대하라.

제8전 평등대왕(平等大王) _ 철상지옥(사망 후 100일째)

제9전: 도시대왕 – 풍도지옥(사망 후 1년째)

주로 남을 미워하고 원망하며 복수를 꿈꾼 죄 그리고 지나친 욕심으로 인해 남에게 해를 끼친 죄 등을 다룬다. 풍도지옥은 살을 찢는 듯한 칼바람이 휘몰아치는 곳으로, 망자들은 이 바람에 의해 몸이 갈기갈기 찢기는 고통을 겪는다. 이는 마음속에 품었던 증오와 욕심이 자신을 파괴하는 바람이 되어 돌아오게 하는 형벌이다.

풍도지옥(風途地獄). 바람의 지옥이다. 증오, 원망, 복수심, 욕심. 칼바람이 몸을 찢는다. 증오와 욕심이 결국 자신을 파괴한다는 메시지다.

1년째는 기제사를 지내는 날이다. 유족은 1년 동안 애도해 왔다. 이제 조금 안정되었다.

제10전: 오도전륜왕 – 흑암지옥(사망 후 3년째)

흑암지옥(黑闇地獄)은 말 그대로 어둠을 뜻하지만 그 의미는 단순한 공포의 공간이 아니다. 모든 판단이 끝난 뒤 더 이상 변론도 항변도 남지 않은 상태로, 완전히 정리된 뒤 마주하는 침묵의 자리다.

오도전륜왕(五道轉輪王)은 열시왕 가운데 최종 결정권자다. '오도(五道)'는 존재가 갈 수 있는 다섯 길을, '전륜(轉輪)'은 바퀴처럼 굴러가는 윤회를 뜻한다. 여기서 망자의 다음 생이 확정된다. 육도윤회, 즉 천상계·아수라계·인간계·축생계·아귀계·지옥계 가운데 어디로 갈지가 결정된다.

제9전 도시대왕(都市大王) _ 풍도지옥(사망 후 1년째)

제10전 오도전륜왕(五道轉輪大王) _ 흑암지옥(사망 후 3년째)

흑암지옥의 '어둠'은 형벌이라기보다 전환의 상징이다. 빛이 사라진다는 것은 이전의 삶이 완전히 종료되었음을 뜻한다. 더 이상 붙잡을 것도, 되돌릴 것도 없다. 남은 것은 정리뿐이다.

3년째는 탈상이다. 유족은 상복을 벗고 망자에 대한 애도를 공식적으로 마무리한다. 망자는 완전히 조상이 되고, 산 자는 일상으로 돌아간다. 흑암지옥은 이 사회적 전환을 상징적으로 보증하는 장치다.

열시왕 체계가 말하는 것은 공포가 아니라 질서다. 전통 사회에서 삼년상은 부모의 죽음을 완전히 받아들이는 최소한의 시간이었다. 흑암지옥은 그 시간의 종결점에 놓인다.

육도윤회(六道輪廻), 다음 생의 행방

불교에서는 사람이 죽은 뒤 열시왕 앞에서 생전의 업(業)에 대한 논죄(審判)를 받고, 그 결과에 따라 육도윤회 가운데 한 곳으로 다시 태어난다고 본다.

❶ 천상계(天上界)

큰 공덕과 선업을 쌓은 존재가 태어나는 세계이다. 쾌락과 행복이 많지만 영원하지는 않다.

❷ 아수라계(阿修羅界)

복은 있으나 분노·투쟁심이 강한 존재의 세계이다. 신들과 다투는 전투적 성향이 특징이다.

❸ 인간계(人間界)

고통과 즐거움이 공존하는 세계이다. 수행과 깨달음의 가능성이 가장 큰 곳이다.

❹ 축생계(畜生界)

어리석음과 본능에 지배되는 세계이다. 짐승, 벌레 등의 존재 상태다.

❺ 아귀계(餓鬼界)

끝없는 갈망과 결핍에 시달리는 세계이다. 탐욕과 인색함의 업보다.

❻ 지옥계(地獄界)

가장 극심한 고통의 세계이다. 악업의 결과로 형벌을 받는 상태다.

중요한 점은 이 여섯 세계가 영원한 목적지가 아니라는 것이다. 모두 업에 따라 오르내리는 순환의 과정이다. 그래서 불교에서는 육도윤회 자체를 벗어나는 것, 즉 해탈을 궁극의 목표로 삼는다.

49재, 100일, 1년, 3년의 의미

제사 주기의 비밀

왜 49재를 지내는가? 왜 100일, 1년, 3년에 제사를 지내는가?

49재는 불교 용어다. 사십구일재(四十九日齋). 죽은 지 49일째 되는 날 지내는 제사다. 왜 49일인가? 일곱 번째 심판이 끝나는 날이기 때문이다.

7일 × 7번 = 49일. 7일마다 심판을 받는다. 49일째 태산대왕 앞에서 마지막 심판을 받고, 대부분의 망자는 윤회처가 결정된다.

100일째는 평등대왕의 심판이다. 1년째는 도시대왕의 심판이다. 3년째는 오도전륜왕의 최종 심판이다. 그런데 이것이 정말 사후세계의 사실인가? 죽으면 정말 이런 일이 벌어지는가?

그것을 증명할 수는 없다. 그러나 이 체계가 산 자에게 무엇을 제공했는지는 명확하다.

산 자의 애도 구조

가족이 죽었다. 7일이 지났다. 유족은 제사를 지낸다. 음식을 차리고 절을 하면서 "지금 저승에서 첫 심판을 받고 있구나. 우리가 제사를 지내니 공덕이 되어 심판에 도움이 될 거야"라며 망자를 생각한다.

이것은 믿음이고, 동시에 위안이다. 유족은 무언가를 할 수 있다. 무기력하지 않다. 망자를 위해 기도하고, 제사를 지내며, 공덕을 쌓는다.

14일째 또 제사를 지낸다. 21일째, 28일째, 35일째, 42일째 계속 제사를 지낸다.

제사를 지내는 과정은 애도의 과정이다. 음식을 준비하면서 망자를 생각한다. 어떤 음식을 좋아했는지, 어떻게 살았는지, 무엇을 후회하는지 가족이 모여 이야기한다. 슬픔을 나눈다.

49일째가 되면 큰 제사를 지낸다. 49재다. 절에서 스님을 모시고 독경을 하거나 집에서 큰 굿을 한다.

이날은 전환점이다. 망자는 이제 저승으로 갔다. 윤회처가 정해졌다. 유족은 "이제 갔구나. 정말 떠났구나"라며 이 사실을 받아들인다.

슬픔이 사라지지는 않는다. 그러나 급성기는 지났다. 유족은 조금씩 일상으로 돌아간다. 출근하고, 학교 가고, 밥 먹고, 웃기도 한다. 죄책감이 들지만 삶은 계속된다.

100일째에 제사를 지낸다. 1년째에는 기제사를 지낸다. 망자가 죽은 날이다. 가족이 모여 추모한다. 슬픔이 다시 올라온다. 그러나 1년 전보다는 견딜 만하다.

3년째 탈상을 한다. 상복을 벗으며 공식적으로 애도가 끝난다. 망자는 조상이 되고, 매년 기제사를 받는 존재가 된다.

죽은 자의 이행 vs 산 자의 애도

7일마다 제사를 지내며 유족은 죽은 자를 조금씩 보낼 수 있었다. 49일째가 되면 망자는 저승으로 갔다고 여겨졌고, 유족은 비로소 일상으로 돌아갈 수 있었다. 1년째 기제사, 3년째 탈상을 통해 애도는 완전히 종결되었다.

이것은 이중 구조다. 죽은 자의 관점에서는 이행 과정이다. 이 승에서 저승으로, 망자에서 조상으로 이동한다. 7일마다 심판을 받고, 49일째 윤회처가 정해지며, 3년째 완전히 정착한다.

산 자의 관점에서는 애도(哀悼) 과정이다. 충격과 부정에서 슬픔과 수용으로 나아간다. 7일마다 제사를 지내며 현실을 받아들이고, 49일째 일상으로 돌아가며, 3년째 완전히 정리한다.

두 과정이 동시에 진행된다. 죽은 자가 저승으로 가는 동안 산 자는 애도한다. 죽은 자가 조상이 되는 동안 산 자는 평범한 삶으로 돌아간다.

이것이 열시왕 체계의 천재성이다. 사후세계 이야기처럼 보이지만, 사실은 애도 프로그램이다.

사후세계는 공포가 아닌 정리의 시간

열시왕 체계를 처음 들으면 공포스럽다. 도산지옥, 화탕지옥, 한빙지옥. 칼에 베이고, 불에 타고, 얼음에 얼고, 톱에 잘린다. 이 것은 공포 영화 같다.

그런데 조금 깊이 들여다보면 다른 것이 보인다. 이것은 공포가 아니라 윤리다. 살생하지 마라. 도둑질하지 마라. 거짓말하지 마라. 불효하지 마라.

지옥은 위협이 아니라 "이렇게 살면 안 된다. 이런 죄를 지으면 고통받는다"라는 경고다. 산 사람들이 이 이야기를 들으면 '그럼 나는 어떻게 살아야 하나?'라고 생각한다.

사후세계는 처벌의 공간이라기보다 정리와 치유의 공간이라고 말할 수 있다.

정리. 생전의 업을 정리한다. 잘한 것과 못한 것을 돌아본다. 후회하고 반성하며 받아들인다.

치유. 한(恨)을 푼다. 원한을 풀고, 미련을 놓고, 평안을 찾는다. 이승에서 풀지 못한 것을 저승에서 푼다.

이것은 벌이 아니라 과정이다. 고통스러운 과정이지만 필요한 과정이다. 이 과정을 거쳐 망자는 다음 생으로 갈 수 있고, 유족은 일상으로 돌아갈 수 있다.

현대적 재해석

오늘날 열시왕을 믿는 사람이 얼마나 되는가? 많지 않다. 과학 시대에 이런 이야기는 비현실적으로 들린다. 그러나 열시왕 체계가 담고 있는 지혜는 여전히 유효하다.

첫째, 죽음은 과정이다. 죽음은 한순간에 끝나지 않는다. 죽은 후에도 정리할 시간이 필요하다. 유족에게도, 망자에게도.

둘째, 애도는 구조가 필요하다. 혼자 애도하기는 어렵다. 언제 무엇을 해야 할지 알려주는 일정표가 필요하다. 7일, 49일, 100일, 1년, 3년. 이 일정이 애도를 안내한다.

셋째, 삶은 돌아봐야 한다. 어떻게 살았는가? 무엇을 잘했고, 무엇을 못했는가? 죽음 앞에서 이 질문은 절실해진다. 열시왕의 심판은 이 질문을 구체화한다.

넷째, 윤리는 이야기로 전달된다. "하지 마라"라고 명령하는 것보다 이야기로 보여주는 것이 효과적이다. 열시왕 이야기는 윤리 교육이다.

이 장에서 살펴본 내용을 핵심적인 문장으로 정리하면 다음과 같다.

- 한국 무속의 사후세계는 '이승-중음계-저승'의 3단계 구조다. 사람은 죽으면 육신, 넋, 얼로 분리된다. 분리가 제대로 안 되면 문제가 생긴다. 그래서 굿이 필요하다.
- 열시왕은 저승의 열 명의 재판관이다. 7일, 14일, 21일… 49일, 100일, 1년, 3년. 정해진 일정에 따라 심판한다. 이 일정은 제사 주기와 정확히 일치한다.
- 열시왕 체계는 죽은 자를 심판하기 위한 것처럼 보이지만 사실은 산 자를 위한 것이다. 유족에게 애도의 일정표를 제공하고, 죽음을 정리할 시간을 주며, 일상으로 돌아갈 수 있게 돕는다.
- 각 왕이 다루는 죄목과 지옥은 공포가 아니라 윤리다. 살생하지 마라, 도둑질하지 마라, 거짓말하지 마라, 불효하지 마라. 이런 메시지를 이야기로 전달한다.
- 사후세계는 처벌의 공간이 아니라 정리와 치유의 공간이며, 관계를 정리하고 감정을 안착시키는 문화적 장치다. 생전의 업을 정리하고, 다음 생으로 나아가는 과정이다. 이 과정을 거쳐 망자는 조상이 되고, 유족은 평범한 삶으로 돌아간다.

• 죽음 이후 무속은 공포를 말하지 않았다. 무속은 정리와 치유를 말했다. 죽은 자에게는 평안을, 산 자에게는 위로를. 이것이 한국 무속의 사후세계관이 담고 있는 지혜다.

다음 장에서는 무속과 종교, 사이비의 경계를 살펴볼 것이다. 무속은 종교인가? 무속 내부의 미신은 무엇인가? 사이비와 어떻게 구분하는가?

제2부로 넘어가며 더 깊은 분석을 시작할 것이다.

제2부

무속, 구조를 읽다

4장

무속 vs 종교 vs 사이비, 경계는 어디인가
_ 구조로 본 세 가지 체계

무속은 종교인가

"무속은 종교입니까?"

이 질문에 답하려면 먼저 다른 질문을 해야 한다. 무엇을 종교라고 부르는가? 누가 종교를 정의하는가? 종교의 기준은 무엇인가?

종교를 정의하는 기준은 크게 두 가지가 있다. 학문적 기준과 제도적 기준이다. 그리고 이 두 기준에 따라 무속의 위치는 완전히 달라진다.

학문적 기준: 무속은 명백한 종교다

종교학과 인류학에서 종교를 정의하는 기준은 대체로 다음과 같다.

❶ 초월적 존재에 대한 믿음

종교는 인간을 넘어서는 어떤 존재나 힘을 인정한다. 신, 영혼, 조상, 자연의 정령 등 이런 초월적 존재와의 관계가 종교의 출발점이다.

무속은 이 기준을 충족하는가? 그렇다. 무속은 신령을 인정한다. 산신, 용왕, 조상신, 성황신 등 이들은 모두 초월적 존재다. 무속인은 이 존재들과 소통하고 중개하며, 의례를 통해 관계를 맺는다.

❷ 의례와 상징 체계

종교는 특정한 의례와 상징을 통해 초월과 연결된다. 기도, 제사, 예배, 명상 그리고 십자가, 만다라, 부적, 향 등과 같은 의례와 상징이 종교를 구성한다.

무속은 이 기준을 충족하는가? 그렇다. 굿은 정교한 의례 체계다. 청신(請神), 오신(娛神), 해원(解冤)·치성(致誠), 송신(送神)의 순서가 있다. 무가(巫歌)라는 노래가 있고, 무무(巫舞)라는 춤이 있으며, 부적(符籍)과 제물(祭物)이라는 상징이 있다.

❸ 공동체적 기능

종교는 개인을 넘어 공동체를 결속시킨다. 같은 신을 믿는 사람들이 모여 공동체를 이루고, 함께 의례를 행하며, 공유된 가치를 실천한다.

무속은 이 기준을 충족하는가? 그렇다. 마을굿은 공동체 전체가 참여하는 행사다. 당굿, 별신굿은 마을의 안녕을 기원하고, 마을 사람들을 결속시킨다. 개인 굿도 가족과 친지가 모여 함께 참여한다.

❹ 삶의 의미 부여

종교는 인간에게 삶의 의미를 제공한다. 왜 사는가? 어떻게 살 것인가? 죽음 이후는 어떻게 되는가? 이런 근본적 질문에 답을 준다.

무속은 이 기준을 충족하는가? 그렇다. 무속은 죽음 이후의 세계를 설명한다. 열시왕 체계는 사후세계를 정리하고, 제사 주기는 애도를 구조화한다. 무속은 고통의 원인을 해석하고, 위기 대응의 방법을 제시하며, 삶을 다시 시작할 수 있게 돕는다.

학문적 기준으로 보면 무속은 종교다. 초월 믿음, 의례, 공동체, 의미 부여라는 종교의 조건을 무속은 충족한다. 종교학자나 인류학자에게 물어보면 대부분 "무속은 종교입니다. 제도화되지 않은 토착 종교이지만 분명히 종교입니다"라고 답할 것이다.

제도적 기준: 무속은 종교가 아니다

그런데 제도적 기준으로 보면 이야기가 달라진다. 제도적 기준은 조직, 교리, 경전의 유무다.

❶ 조직

제도 종교는 위계적 조직이 있다. 기독교에는 교회가 있고, 목사와 장로가 있으며, 교단이 있다. 불교에는 절이 있고, 스님과 신도가 있으며, 종단이 있다. 이런 조직을 통해 종교는 관리되고 전승되며 확장된다.

무속에는 이런 조직이 없다. 무당들은 개별적으로 활동한다. 중앙 기구가 없고, 통솔하는 지도자가 없으며, 통일된 체계가 없다. 무당 개인이 자율적으로 활동하고, 자신의 방식대로 굿을 한다.

❷ 교리

제도 종교는 명확한 교리가 있다. 기독교에는 삼위일체, 구원, 부활 같은 핵심 교리가 있다. 불교에는 사성제, 팔정도, 연기법 같은 교리가 있다. 이 교리는 모든 신자가 공유하고 배우며 따라야 하는 것이다.

무속에는 통일된 교리가 없다. 무당마다 믿는 신이 다르고, 굿의 방식이 다르며, 해석이 다르다. 서울의 무당과 제주의 무당이 같은 것을 믿는다고 보장할 수 없다. 심지어 같은 지역의 무당들도 조금씩 다르다.

❸ 경전

제도 종교는 경전이 있다. 기독교에는 성경이 있고, 불교에는 대장경이 있으며, 이슬람에는 코란이 있다. 경전은 종교의 근거이자 권위의 원천이다. 경전에 쓰여 있기 때문에 믿어야 한다.

무속에는 경전이 없다. 문자로 기록된 교리서가 없다. 무가(巫歌)는 있지만, 이것은 경전이 아니라 의례 때 부르는 노래다. 지역마다 다르고, 무당마다 다르며, 세대마다 변한다. 고정되어 있지 않다.

제도적 기준으로 보면 무속은 종교가 아니다. 교리, 조직, 경전이 없기 때문이다. 국가가 종교를 관리할 때 혹은 통계를 낼 때 사용하는 기준은 제도적 기준이다. 그래서 무속은 공식적으로 종교로 분류되지 않는다. 종교 인구 통계에 무속은 나오지 않는다.

두 기준의 충돌

학문적 기준으로는 종교이고, 제도적 기준으로는 종교가 아니다. 이것이 무속의 모순적 위치다.

무속은 '제도에 포섭되지 않은 종교'다. 제도화되지 않았다고 해서 종교가 아닌 것은 아니다. 종교의 본질적 요소는 모두 가지고 있다. 다만 조직화, 체계화, 문자화되지 않았을 뿐이다.

역사적으로 보면 모든 종교가 처음부터 제도화되어 있었던 것은 아니다. 초기 기독교도 조직이 없었고, 경전이 확정되지 않았으며, 교리가 통일되지 않았다. 시간이 지나면서 제도화되었다.

불교도 마찬가지다. 부처가 살아 있을 때는 경전이 없었다. 부처가 죽은 후 제자들이 모여 가르침을 기록하고, 조직을 만들며 교리를 정리했다. 제도화는 종교가 발전하면서 생긴 것이다.

무속은 제도화의 길을 걷지 않았다. 무속의 본질이 제도화와 맞지 않았기 때문이다. 무속은 개인의 경험과 지역의 전통, 상황의 유연성을 중시했다. 중앙 조직이나 통일 교리는 오히려 무속의 강점을 약화시킬 수 있었다.

무속과 제도 종교의 결정적 차이

무속과 제도 종교의 차이를 여러 측면에서 비교하면 다음과 같다.

❶ 조직 구조

제도 종교는 위계적이다. 교황-추기경-주교-신부 혹은 종정-주지-스님 같은 위계가 있다. 명령이 위에서 아래로 전달되고, 권위가 집중된다.

무속은 비위계적이다. 무당들 사이에 상하관계가 없다. 만신이라고 해서 다른 무당을 통솔하지 않는다. 각자 독립적으로 활동한다.

❷ 교리 체계

제도 종교는 보편 규범이 있다. 모든 신자가 같은 것을 믿어야 한다. 신학교에서 배우고, 설교를 통해 전파하며, 이단은 배제한다.

무속은 개인 맞춤이다. 이 사람에게는 이렇게, 저 사람에게는 저렇게. 상황에 따라 해석이 달라진다. 정답이 없고, 표준이 없다.

❸ 구원 개념

제도 종교는 사후 중심이다. 구원은 죽은 후에 얻는다. 천국에 가거나, 해탈하거나, 극락왕생하는 것이 목표다. 현세는 내세를 준비하는 기간이다.

무속은 현실 문제 중심이다. 지금 이 병을 어떻게 낫게 할까? 이 사업을 어떻게 살릴까? 이 불안을 어떻게 해소할까? 사후도 다루지만 초점은 현실에 있다.

❹ 의례 방식

제도 종교는 반복·정형이다. 예배나 법회는 정해진 순서와 형식이 있다. 주일마다 같은 방식으로 진행된다. 예측 가능하고 안정적이다.

무속은 상황 맞춤이다. 굿은 매번 다르다. 망자가 누구인지, 무슨 문제인지, 어떤 신을 부르는지에 따라 달라진다. 즉흥적이고 유연하다.

무속은 현실 문제 해결형 종교에 가깝다. 제도 종교가 의미와 구원을 말한다면, 무속은 문제와 대응을 말한다. 제도 종교가 신을 섬기라고 한다면, 무속은 신을 활용하라고 한다. 제도 종교가 교리를 가르친다면, 무속은 경험을 전달한다. 이것은 우열의 문제가 아니라 성격의 차이다.

"무속은 종교입니까?"라는 질문으로 돌아가자. 학문적으로 "예, 무속은 종교입니다"라고 답할 수 있다. 반면 제도적으로는 "아니오, 무속은 종교가 아닙니다"라고 답한다.

무속 내부에서는 "종교라는 말이 중요하지 않습니다. 무속은 무속입니다"라고 말한다. 이는 무속이 종교냐 미신이냐의 문제가 아니라 제도에 포섭되지 않은 종교라는 문제다.

무속은 종교의 본질적 요소를 모두 가지고 있다. 그러나 제도화, 조직화, 교리화의 길을 걷지 않았다. 이것은 무속의 선택이자 본성이었다.

무속을 종교가 아니라고 배제하면 우리는 종교를 너무 좁게 정의하는 오류를 범한다. 종교는 교회나 절에만 있는 것이 아니다. 종교는 인간이 초월과 관계를 맺고, 의미를 찾으며, 공동체를 이루는 모든 방식을 포괄한다.

　　　　　　　　　　　　　　　　　　　　　

그 기준으로 보면 무속은 의심의 여지없이 종교다. 다만 우리에게 익숙한 제도 종교와는 다른 형태의 종교일 뿐이다.

무속 내부 기준으로 본 미신

무속 자체가 미신이 아니라면 무속 안의 미신은 무엇인가? 제1부에서 무속이 미신으로 낙인찍힌 역사를 살펴보았다. 그것은 권력의 문제였고, 논리적 오류였다. 무속 자체는 미신이 아니다.

그런데 무속 내부에도 미신이 있다. 무속인들 스스로 '잡신', '가짜', '사무친다'라고 경계하는 것들이 있다. 무엇이 무속이고, 무엇이 무속 안의 미신인가?

무속에서의 미신은 신앙이 아니라 남용이다. 미신은 무속 자체의 문제가 아니라 무속이 잘못 사용될 때 발생한다. 의례가 본래의 기능을 벗어나 변질될 때, 치유가 지배로 바뀔 때, 자립이 의존으로 왜곡될 때 그것이 미신이다.

전통 무속의 암묵적 규범

전통 무속에는 명문화된 규칙은 없지만 암묵적 규범이 존재했다. 이를 벗어나면 '잡신·가짜·사무친다'로 규정한다.

무속인들 사이에 "신은 사람을 묶지 않는다"라는 말이 전해 내려온다. 또한 "굿은 문제를 끝내는 것이지 관계를 시작하는 것이 아니다", "신을 팔지 말고 의례를 행하라"라는 말들은 전통 무속의 윤리를 담고 있다. 이 윤리를 어기게 되면 무속 내부에서도 비난받는다.

무속 vs 무속 안의 미신

무속과 무속 안의 미신을 구체적으로 구분하면 다음과 같다.

❶ 목적의 차이

- 무속: 해원·치유·질서 회복
- 무속 내 미신: 공포 유발·의존 조성

정상적인 무속은 한(恨)을 풀어주고, 심리적 안정을 제공하며, 무너진 질서를 회복시킨다. 그러나 미신으로 변질된 무속은 공포를 조장하고, 의존을 만들며, 계속 돌아오게 만든다.

❷ 신의 역할

- 무속: 상징·매개
- 무속 내 미신: 절대 명령

정상적인 무속에서 신은 상징이다. 신의 말은 해석의 대상이고, 받아들일지 말지는 개인이 결정한다. 그러나 미신에서 신은 절대적이다. 신의 말은 명령이고, 거부할 수 없다.

❸ 인간의 위치

- 무속: 주체
- 무속 내 미신: 종속

정상적인 무속에서 인간은 주체다. 굿을 청하는 것도, 점을 보는 것도, 신탁을 받아들이는 것도 모두 개인의 선택이다. 그러나 미신에서 인간은 종속된다. 무당이 시키는 대로 해야 하고, 신의 뜻이라며 강요당한다.

❹ 결과

- 무속: 심리 안정
- 무속 내 미신: 불안 증폭

정상적인 무속은 불안을 줄인다. 굿을 하고 나면 마음이 편해지고, 다시 일상으로 돌아갈 수 있다. 그러나 미신은 불안을 키운다. 굿을 해도 불안은 사라지지 않고, 또 다른 문제가 생겼다며 다시 굿을 하게 만든다.

❺ 책임

- 무속: 공동체·관계 중심
- 무속 내 미신: 무당 개인 회피

정상적인 무속은 책임을 공유한다. 문제가 해결되지 않으면 함께 고민하고 다른 방법을 찾는다. 그러나 미신에서는 책임을 회피한다. "네가 정성이 부족해서", "신을 제대로 안 믿어서"라며 개인에게 떠넘긴다.

무속 내부에서 미신으로 여겨지는 것

무속 내부에서 금기시되는 행위들을 구체적으로 나열하면 다음과 같다.

❶ 과도한 공포 조장

"하지 않으면 죽는다.", "집안이 망한다."

이런 말은 무속의 전통이 아니다. 전통 무속은 경고는 하지만 위협하지 않는다. "이렇게 하는 것이 좋다"라고 권유하지, "안 하면 큰일 난다"라고 협박하지 않는다.

❷ 끝없는 추가 굿 요구

"한 번 더 해야 한다.", "다른 신도 풀어야 한다."

굿은 종결되어야 한다. 문제를 정리하고, 사람들을 일상으로 돌려보내야 한다. 그런데 계속 추가 굿을 요구한다면 그것은 장사다. 신앙이 아니라 수입원이 된 것이다.

❸ 문제 해결 없는 반복 의례

"계속 해야 효과가 있다."

의례는 효과를 내야 한다. 심리적 안정이든, 관계 회복이든, 방향 설정이든 어떤 효과가 있어야 한다. 그런데 아무 효과 없이 계속 반복만 시킨다면 그것은 사기다.

❹ 개인 판단 능력 박탈

"신이 시키는 대로 해야 한다.", "네 생각은 중요하지 않다."

무속은 도움을 주는 것이지, 대신 결정해 주는 것이 아니다. 최종 결정은 항상 본인이 해야 한다. 신탁은 참고 사항이지 명령이 아니다.

❺ 금전 중심의 행위

"돈을 더 내야 효과가 있다.", "비싼 굿을 해야 신이 기뻐한다."

의례에는 비용이 든다. 제물, 도구, 무당의 수고에 대한 대가 등 이것은 정당하다. 그러나 비용이 효과와 직결된다고 말하는 순간 그것은 변질이다. 신은 돈을 보지 않는다.

❻ 신의 권위 사칭

"내가 신이다.", "신이 직접 나에게 말한다."

무당은 신과 인간 사이의 매개자다. 무당 자신이 신이 되는 순간 구조가 무너진다. 무당은 검증받아야 하고, 비판받을 수 있어야 한다. 신이 되면 그것이 불가능해진다.

이는 전통 무속에서도 '바른 무(正巫)'가 경계한 행위이다. 무속 내부에도 기준이 있었다. '바른 무'와 '그릇된 무'를 구분했다. 바른 무는 사람을 돕고, 문제를 정리하며, 자립하게 만든다. 그릇된 무는 공포를 조장하고, 의존을 만들며, 착취한다.

종교 전반과의 공통점

흥미로운 것은 이런 현상이 무속만의 문제가 아니라 종교 전반에서 공통적으로 나타나고 있다는 점이다.

❶ 종교 사기

기독교에도 사이비 교주가 있다. 신의 이름으로 돈을 갈취하고, 신도를 착취하며, 범죄를 저지른다.

❷ 헌금 강요

십일조를 내지 않으면 저주받는다고 협박하는 교회가 있다. 건축 헌금을 강요하고, 액수를 공개해 압박한다.

❸ 종말론적 공포 마케팅

특정 날짜에 세상이 멸망한다고 선전하며 재산을 헌납하게 만든다. 공포를 조장해 통제한다.

❹ 교주 숭배

교주를 신격화하고, 절대 복종을 요구하며, 비판을 허용하지 않는다.

이 모든 것은 무속의 미신과 같은 구조다. 신앙이 남용되고, 권위가 악용되며, 사람들이 착취당한다.

모든 종교에는 '신앙'과 '미신(남용)'의 경계선이 반드시 존재한다. 무속만 미신의 위험이 있는 것이 아니다. 모든 종교가 미신으로 변질될 수 있다. 중요한 것은 종교의 종류가 아니라 윤리의 유무다.

무속에서의 미신은 신을 믿는 것이 아니라 신을 이용하는 행위이며, 신앙의 수준 문제가 아니라 윤리의 붕괴다. 그리고 무속의 문제는 무속 자체가 아니라 무속을 빙자한 통제다.

미신은 무속 자체가 아니다. 미신은 무속이 변질된 것이다. 치유가 지배로, 자립이 의존으로, 도움이 착취로 바뀔 때 그것이 미신이다.

그리고 이것을 구분하는 기준은 명확하다. 무속에서의 미신이란 의례가 치유를 멈추고 지배로 전환되는 순간이다.

치유인가, 지배인가? 자립인가, 의존인가? 도움인가, 착취인가? 이것이 무속과 미신을 가르는 기준이다.

사이비 판별 체크리스트

사이비의 정의

사이비(似而非). 겉은 그럴듯하나 실제로는 다르거나 거짓인 것으로, 종교와 신앙 맥락에서의 사이비는 일반적으로 다음 요건을 지니고 있다.

❶ 절대적 권위 주장(비판·검증 불가)

"내 말이 곧 신의 말이다", "의심하는 것은 불경이다"라며 절대적 권위만을 주장한다.

❷ 공포와 죄책감 조장

"안 하면 죽는다", "지옥에 간다", "가족이 망한다"라며 공포와 불안을 조장한다.

❸ 금전·노동·관계의 착취

모든 재산을 헌납시키고, 무상 노동을 시키며, 가족과 단절시킨다.

❹ 의존성 강화(탈출 곤란)

계속 돌아오게 만들고, 혼자 결정하지 못하게 하며, 나가려 하면 위협한다.

❺ 실패 책임의 전가

"네가 믿음이 부족해서다", "정성이 모자라서다"라며 책임을 회피한다.

절대 권위 영역

□ '신의 말'이라며 반론·질문을 금지한다.
□ 판단 실패를 항상 신도 탓으로 돌린다.
□ 자신만이 유일한 해석자라고 주장한다.

※ 2개 이상 해당 시 위험 신호(이하 동일)

정상적인 신앙에서는 "왜 그렇습니까?", "다른 방법은 없습니까?"라는 질문에 성직자나 무속인은 설명해야 한다. 설득하고 이해시키며, 때로는 "그럴 수도 있습니다", "다른 방법을 찾아봅시다"라며 인정해야 한다.

그런데 사이비는 "의심하지 마라", "신의 뜻을 거역하는 것이냐", "불경스럽다"라며 질문을 허용하지 않는다. 질문하는 순간 공격받는다.

판단 실패도 마찬가지다. "굿을 했는데 나아지지 않았어요"라고 말하면 정상적인 무속인은 "그럴 수 있습니다. 다른 방법을 찾아봅시다"라고 말하지만, 사이비는 "네 정성이 부족해서다. 더 해야 한다"라고 말한다.

유일한 해석자라는 주장도 위험하다. "나만이 이 신과 소통할 수 있다", "다른 무당에게 가면 안 된다"라는 주장은 사실상 독점적 태도이며, 이는 경쟁을 차단하고 선택권을 제한하는 것이다.

공포·불안 조장 영역

□ "안 하면 큰일 난다"라고 위협적 표현을 사용한다.
□ 죽음·사고·파멸을 구체적으로 예언한다.
□ 불행의 원인을 계속 확대 재생산한다.

정상적인 신앙은 "이렇게 하는 것이 좋습니다", "조심하세요"라고 경고는 하지만 위협하지 않는다. 그러나 사이비는 "안 하면 3개월 안에 죽는다", "집안이 망한다", "자식이 사고를 당한다"라며 협박한다.

구체적인 예언도 위험하다. "다음 달 15일에 사고가 난다", "올해 안에 파산한다"라는 식으로 구체적으로 말하면 공포가 커진다. 그리고 그 날짜가 다가오면 불안이 극대화된다.

불행의 원인 확대도 흔한 수법이다. "조상이 화났다 → 조상의 조상도 화났다 → 전생의 업보도 있다 → 저주도 받았다" 등 계속 원인을 추가하고, 끝없이 해결해야 할 것을 만든다.

공포는 통제의 가장 빠른 수단이다.

금전·자원 착취 영역

□ 의례·헌금 비용이 점점 커진다.
□ 중단하면 이미 낸 돈이 헛된 것이 된다고 압박한다.
□ 대출·차용·재산 처분을 정당화한다.

정상적인 종교나 무속도 비용을 받는다. 이것은 정당하다. 그러나 비용이 계속 커지고, 끝이 없으며, 대출까지 하게 만든다면 그것은 착취다.

"처음에는 100만 원이라고 했는데, 해보니 200만 원이 더 필요하대요", "여기서 멈추면 지금까지 한 것이 다 소용없다고 해요", "집을 팔아서라도 해야 한다고 해요"라는 이야기를 듣는다면 그것은 사이비다.

정상적인 무속인이나 성직자는 "능력 안에서 하세요", "억지로 하는 것은 신도 원하지 않습니다"라고 말한다.

비용이 문제 해결과 무관하면 사이비다.

관계 통제 영역

☐ 가족·지인을 불신하도록 유도한다.
☐ 외부 조언을 사탄·업보·방해 세력으로 규정한다.
☐ 상담·치료·법적 조력을 차단한다.

사이비의 전형적인 수법은 "가족이 너를 이해하지 못한다", "친구들은 네 적이다", "의사는 믿지 마라", "변호사는 필요 없다"라며 고립시키는 것이다.

외부와 단절시키는 이유는 명확하다. 외부에서 "이상하다", "사기다", "나와라"라고 말할까 봐 두려운 것이다. 그래서 외부를 악마화하고, 단절을 정당화한다.

정상적인 신앙은 외부와의 연결을 유지한다. "가족과 상의하세요", "전문가와 상담하세요", "여러 의견을 들어보세요"라며 결정은 본인이 하되, 충분한 정보를 가지고 하도록 돕는다.

고립은 의존을 강화한다.

반복·의존 구조 영역

□ 한 번으로 끝나지 않고 계속해야 한다고 말한다.
□ 스스로 결정하지 못하게 만든다.
□ 삶의 모든 선택을 신탁에 위임하게 한다.

정상적인 신앙은 자립을 목표로 한다. 도움을 주고, 방향을 제시하며, 다시 일어설 힘을 준 다음 "이제 괜찮으니 잘 살아가세요"라며 보낸다.

하지만 사이비는 붙잡는다. "아직 안 됐다", "계속 와야 한다", "나 없이는 안 된다"라며 작은 일도 물어보게 만들고, "무엇을 먹을지, 누구를 만날지, 어디로 갈지 모두 신께 물어봐야 한다"라며 모든 결정을 신탁에 의존하게 만든다.

이것은 신앙이 아니라 통제다. 개인은 주체성을 잃고, 마치 인형처럼 조종되는 상태에 놓이며, 신앙의 주체가 아니라 관리의 대상이 된다.

책임 회피 영역

☐ 효과가 없으면 믿음·정성 부족 탓이라고 한다.

☐ 결과에 대한 책임 주체가 없다.

☐ 약속은 추상적이고 검증 불가하다.

"굿을 했는데 나아지지 않았어요" 하면 사이비는 "네 믿음이 부족해서다"라고 말하고, 정상적인 신앙은 "그럴 수 있습니다. 다른 방법을 찾아봅시다"라고 말한다.

"예언이 맞지 않았어요" 하면 사이비는 "신의 뜻이 바뀌었다"라고 말하고, 정상적인 신앙은 "제가 잘못 봤을 수 있습니다"라고 말한다.

사이비는 절대 책임지지 않는다. 모든 실패는 신도 탓이다. 그러면서 성공은 자기 공으로 돌린다. 이것은 비겁하다.

정상적인 신앙은 책임을 공유한다. 잘 안 되면 함께 고민하고, 잘 되면 함께 기뻐한다. 성직자나 무속인도 "내가 도울 수 있는 것은 여기까지입니다"라며 자신의 한계를 인정한다.

책임 없는 권위는 위험하다.

결정적 판별 문장

단 하나의 질문으로 사이비를 판별할 수 있다.

"이 관계를 끊으면 더 큰 불행이 온다고 믿게 되었는가?"

맞으면 사이비 가능성이 매우 크다.

정상적인 신앙은 언제든 떠날 수 있다. 교회를 옮기고, 절을 바꾸며, 무당을 바꿀 수 있다. 불편하면 나갈 수 있다. 자유가 있다.

사이비는 떠날 수 없게 만든다. 떠나려 하면 위협한다. "나가면 죽는다", "저주받는다", "지금까지 한 것이 다 헛수고가 된다"라며 공포로 붙잡는다.

만약 이 질문에 "예"라고 답한다면, 그리고 그 두려움 때문에 떠나지 못한다면 그것은 사이비다.

간이 점수 판정법

0~2개 체크: 일반 신앙·상담 수준

3~5개 체크: 주의 단계

6개 이상 체크: 사이비 구조 진입

위의 모든 체크리스트를 보고 해당되는 것에 체크한다. 체크 개수가 2개 이하면 괜찮다. 일반적인 신앙 활동 수준이다.

3~5개면 주의해야 한다. 경계선에 있다. 더 진행되지 않도록 조심하고, 외부 의견을 들어봐야 한다.

6개 이상이면 위험하다. 사이비 구조에 이미 들어갔을 가능성이 크다. 즉시 거리를 두고, 전문가나 신뢰할 수 있는 사람과 상담해야 한다.

사이비의 본질을 세 문장으로 정리하면 다음과 같다.

- 신앙은 자유를 넓히고, 사이비는 선택지를 줄인다.
- 치유는 자립으로 끝나고, 사이비는 의존으로 끝난다.
- 사이비의 본질은 믿음이 아니라 통제다.

사이비를 판별하는 핵심은 자유다. 자유가 늘어나는가, 줄어드는가. 자립하게 되는가, 의존하게 되는가. 도움받는가, 통제당하는가.

사이비는 '믿게 하는 것'이 아니라 '벗어나지 못하게 하는 구조'이다.

믿음은 개인의 자유다. 무엇을 믿든, 누구를 믿든 그것은 개인이 선택할 수 있다. 그리고 언제든 그만둘 수 있어야 한다.

사이비는 그 자유를 빼앗는다. 들어가는 것은 쉽지만, 나오는 것은 어렵게 만든다. 그것이 사이비의 본질이다.

무속인은 왜 원칙적으로 사이비가 아닌가

"무당은 사기꾼 아닙니까?"

이 질문은 많은 사람들이 무속을 대할 때 가지는 의구심이다. 점을 보고 돈을 받는다. 굿을 하고 큰돈을 받는다. 증명할 수 없는 것을 말하고, 확인할 수 없는 것을 약속한다. 이것이 사기가 아니면 무엇인가?

그런데 이 질문은 잘못 설정되어 있다. 올바른 질문은 이것이다.

"무속인은 구조적으로 사이비인가?"

그리고 답은 명확하다.

"아니다."

무속인은 원칙적으로 사이비가 아니다. 전통 무속은 교주가 없고, 조직이 없다. 포교 체계가 없고, 신앙을 강요하지 않으며, 일회성 관계를 전제로 한다. 이 구조는 사이비의 조직적 통제 조건과 정반대다.

무속인이 사이비가 될 수 있는가? 그렇다. 그러나 그것은 무속인이라는 직업 때문이 아니라 행위 때문이다. 무속의 구조 자체는 사이비와 반대 방향을 향하고 있다.

전통 무속의 기본 구조

전통 무속의 구조적 특징을 다섯 가지로 정리하면 다음과 같다.

❶ 교주 없음

사이비는 교주를 중심으로 조직된다. 교주는 절대적 권위를 가지며, 신도들은 교주에게 복종한다. 교주의 말은 곧 신의 말이고, 교주를 의심하는 것은 신을 의심하는 것이다.

무속에는 교주가 없다. 무당 개인이 있을 뿐이다. 만신이라고 해서 다른 무당들을 통솔하지 않는다. 무당들은 서로 독립적이고, 경쟁 관계에 있으며, 각자 자신의 방식대로 활동한다.

무당이 자신을 신이라고 주장하는가? 전통적으로는 아니다. 무당은 신과 인간 사이의 중개자일 뿐이다. 신의 말을 전달하지만,

자신이 신은 아니다. 이 경계가 명확하다.

❷ 조직·포교 체계 없음

사이비는 조직을 만든다. 본부가 있고, 지부가 있으며, 위계가 있다. 신도들을 등급화하고, 헌신도에 따라 지위를 부여하며, 피라미드 구조를 만든다.

무속에는 조직이 없다. 무당은 혼자 활동하거나 기껏해야 몇 명의 제자를 두는 정도다. 전국적 네트워크가 없고, 중앙 본부가 없으며, 통일된 지침이 없다.

포교도 하지 않는다. 무당이 거리에서 전단지를 나눠 주거나 "무속을 믿으세요"라고 설득하지 않는다. 사람들이 필요할 때 찾아오면 도와줄 뿐이다. 적극적으로 신도를 모집하지 않는다.

❸ 신앙 강요 없음

사이비는 신앙을 강요한다. "믿어야 구원받는다", "안 믿으면 지옥 간다", "가입하지 않으면 재앙이 온다"라며 협박하고 위협하며 공포를 조장한다.

무속은 신앙을 강요하지 않는다. 점을 보러 왔다고 해서 무속을 믿으라고 하지 않는다. 굿을 했다고 해서 신도가 되라고 하지 않는다. "필요하면 다시 오세요"라고 말할 뿐이다.

무속의 신도라는 개념 자체가 모호하다. 기독교의 교인, 불교의 신도처럼 명확한 소속이 없다. 이 무당에게 갔다가 다른 무당에게도 가고, 필요에 따라 자유롭게 선택한다.

❹ 개인 의례 중심

사이비는 집단 의례를 강조한다. 정기적인 집회, 대규모 행사,

단체 기도 등 신도들을 한 곳에 모아 집단 압력을 가하고, 집단 정체성을 강화한다.

무속은 개인 의례 중심이다. 굿은 대부분 개인이나 가족 단위로 이루어진다. 물론 마을굿처럼 공동체 의례도 있지만, 그것은 특정 무당에 대한 충성이 아니라 공동체 전통이다.

개인 의례라는 것은 맞춤형이라는 뜻이다. 이 사람의 이 문제를 다룬다. 집단에 맞추는 것이 아니라 개인에게 맞춘다. 이것은 통제가 아니라 서비스에 가깝다.

❺ 일회성·상황성 관계

사이비는 지속적 관계를 요구한다. 매주 모임에 나와야 하고, 매달 헌금을 내야 하며, 평생 신도로 남아야 한다. 나가려 하면 배신자로 낙인찍는다.

무속은 일회성 관계가 기본이다. 문제가 생겼을 때 찾아가고, 굿을 하고, 끝나면 돌아온다. 굳이 계속 관계를 유지할 필요가 없다. 다음에 문제가 생기면 다시 올 수도 있을 뿐 아니라 다른 무당에게 갈 수도 있다.

상황성이라는 것은 필요에 따라 선택한다는 뜻이다. 이 문제에는 이 무당, 저 문제에는 저 무당, 혹은 무당 말고 다른 방법을 이용한다. 고정되어 있지 않다.

전통 무속 vs 사이비 구조 비교

전통 무속과 사이비를 명확하게 대비해 보자.

❶ 권위

- 전통 무속: 중개자
- 사이비: 절대자

전통 무속인은 "신이 이렇게 말합니다"라고 전달한다. 사이비 교주는 "내가 곧 신이다"라고 주장한다. 중개와 동일시는 완전히 다르다.

❷ 신의 위치

- 전통 무속: 상징·매개
- 사이비: 교주와의 동일시

무속에서 신은 의례를 통해 드러나는 존재다. 사이비에서 신은 교주 자신이거나 교주만 독점적으로 소통할 수 있는 존재다.

❸ 관계

- 전통 무속: 필요 시 방문
- 사이비: 지속(반복)적인 소속

무속은 "필요하면 오세요"다. 사이비는 "계속 와야 합니다"이다. 선택과 강제의 차이다.

❹ 비용

- 전통 무속: 관행적·의례비
- 사이비: 무제한 헌납

무속은 굿 비용을 협의한다. 능력에 따라 조절 가능하다. 사이비는 전 재산을 요구한다. 끝이 없다.

❺ 탈퇴

- 전통 무속: 자유

• 사이비: 방해·위협

무속은 언제든 안 가면 그만이다. 사이비는 나가려 하면 협박한다.

무속의 구조는 사이비의 조직적 통제 조건과 정반대다. 무속의 구조 자체가 사이비와 반대 방향이다. 중앙집권적이지 않고, 강제적이지 않으며, 지속적이지 않다. 분산적이고, 자발적이며, case by case 일회성으로 끝을 맺는다.

언제 무속인이 사이비가 되는가

무속인이라는 직업 때문이 아니라 행위 때문에 사이비가 되는 것이다. 무속인도 사이비가 될 수 있다. 언제 그런가? 앞에서 말한 전통 무속의 구조를 벗어날 때다.

❶ "내 말 안 들으면 큰일 난다"

• 전통 무속: "이렇게 하는 것이 좋습니다"

• 사이비: "안 하면 죽습니다"

권유와 위협의 차이다. 권유는 선택을 존중하고, 위협은 선택을 강요한다.

❷ 굿을 멈추지 못하게 만드는 구조

• 전통 무속: "이것으로 끝입니다"

• 사이비: "계속해야 합니다"

종결과 반복의 차이다. 종결은 문제를 정리하고, 반복은 의존을 만든다.

❸ 가족·사회 관계 단절 유도

- 전통 무속: "가족과 상의하세요"
- 사이비: "가족은 당신을 이해하지 못합니다"

연결과 고립의 차이다. 연결은 지지망을 유지하고, 고립은 통제를 강화한다.

❹ 재산 처분·대출·차용 유도

- 전통 무속: "능력 안에서 하세요"
- 사이비: "집을 팔아서라도 하세요"

합리성과 착취의 차이다. 합리성은 한계를 존중하고, 착취는 한계를 무시한다.

❺ 모든 선택을 신탁으로 대체

- 전통 무속: "참고하세요. 결정은 당신이 하세요"
- 사이비: "신탁대로만 해야 합니다"

조언과 통제의 차이다. 조언은 자율성을 유지하고, 통제는 자율성을 박탈한다.

이 순간, 그는 무속인이 아니라 '사이비 행위자'이다. 무속인이라는 이름을 달고 있어도 행위가 사이비라면 사이비다. 정체성이 아니라 행위가 기준이다.

중요한 역설

무속과 사이비의 관계에서 "무속인은 사이비가 될 수 있지만,

사이비는 대부분 무속을 가장한다"라는 중요한 역설이 있다.

첫 번째 문장: 무속인은 사이비가 될 수 있다.

무속인도 사람이다. 욕심이 생기고, 유혹에 빠지며, 잘못된 길로 갈 수 있다.

처음에는 진심으로 돕고자 했지만 점점 돈에 눈이 멀고, 권력의 맛을 알게 되며, 사람들을 통제하게 된다.

혹은 처음부터 사기꾼일 수도 있다. 무당 행세를 하지만 실제로는 돈을 벌기 위한 수단일 뿐이다. 신도 믿지 않고, 의례도 형식일 뿐이며, 오직 이익만 추구한다.

이런 무속인들이 존재한다. 그리고 이들이 무속 전체의 이미지를 나쁘게 만든다.

두 번째 문장: 사이비는 대부분 무속을 가장한다.

왜 사이비들이 무속을 가장하는가? 무속은 제도 밖 신앙이기에 사기·착취 세력이 가장 쉽게 위장하는 외피가 되기도 한다.

무속은 제도가 없다. 자격증이 없고, 면허가 없으며, 등록 제도가 없다. 누구든 "나는 무당이다"라고 주장할 수 있다. 검증할 방법이 없다.

기독교 목사가 되려면 신학교를 졸업하고 안수를 받아야 한다. 불교 스님이 되려면 절에 들어가 수행하면서 인정받아야 한다. 절차가 있고 검증이 있다.

무당이 되려면? 아무것도 필요 없다. "신이 내렸다"라고 주장하면 끝이다. 누가 확인하는가? 아무도 없다.

그래서 사기꾼들이 무속을 가장한다. 점쟁이 행세를 하고, 무당 흉내를 내며, 굿을 하는 척한다. 돈을 뜯어내고, 사람들을 조종하며, 범죄를 저지른다.

이것은 무속의 문제인가? 아니다. 이것은 무속을 악용하는 사람들의 문제다. 그러나 결과적으로 무속 전체가 의심받는다.

명확한 윤리 기준이 필요하다

무속은 제도화되지 않았다. 조직이 없고, 자격증이 없으며, 중앙 관리가 없다. 이것은 무속의 강점이기도 하지만 약점이기도 하다.

- 강점: 유연성, 개별성, 자율성
- 약점: 검증 불가, 품질 관리 불가, 악용 가능성

이 약점을 보완하는 방법은 윤리다. 법적 규제가 없다면 윤리적 자율 규제가 있어야 한다. 국가가 관리하지 않는다면 무속 내부에서 스스로 관리해야 한다.

어떤 윤리인가? 6장에서 다룰 무속 윤리 가이드라인이 있다. 신의 권위가 아니라 사람의 자유를 기준으로 하는 윤리. 의존이 아니라 자립을 목표로 하는 윤리. 착취가 아니라 도움을 원칙으로 하는 윤리.

이런 윤리가 확립될 때 무속은 사이비와 명확히 구분될 수 있다. 그리고 무속을 가장한 사이비들을 걸러낼 수 있다.

이 장에서 살펴본 내용을 핵심적인 문장으로 정리하면 다음과
같다.

- 무속은 종교인가? 학문적 기준으로는 그렇지만, 제도적 기준
  으로는 아니다. 정확하게는 무속은 제도에 포섭되지 않은 종
  교라고 말할 수 있다.
- 무속 내부에도 미신이 있다. 그러나 그것은 무속 자체가 아
  니라 무속의 남용이다. 의례가 치유를 멈추고 지배로 전환되
  는 순간 그것이 미신이다.
- 사이비는 명확한 특징이 있다. 절대 권위, 공포 조장, 금전 착
  취, 관계 통제, 반복 의존, 책임 회피. 이런 특징을 가진 구조
  가 사이비다.
- 무속인은 원칙적으로 사이비가 아니다. 전통 무속의 구조는
  사이비와 정반대 방향이다. 교주 없음, 조직 없음, 강요 없음,
  일회성, 자발성. 이것이 무속의 구조다.
- 무속인도 사이비가 될 수 있다. 무속인이라는 직업 때문이
  아니라 행위 때문이다. 위협하고, 반복시키고, 고립시키고,
  착취하고, 통제하면 그것은 사이비다.
- 역설적이게도 사이비는 대부분 무속을 가장한다. 왜냐하면
  무속은 제도가 없어 가장하기 쉽기 때문이다. 문제는 '정체
  성'이 아니라 '통제와 착취의 행위'이다

• 무속에는 명확한 윤리 기준이 필요하다. 법적 규제가 아니라 윤리적 자율 규제가 필요한 것이다. 그 윤리는 신의 권위가 아니라 사람의 자유를 기준으로 삼아야 한다.

다음 장에서는 무속이 실제로 어떻게 작동해 왔는지 살펴보고, 무속의 위기 대응 시스템, 굿의 구조, 사회적 공헌도를 분석할 것이다. 무속은 단순히 미신도, 종교도 아닌 한국 사회의 비공식 안전망이었다.

5장

무속은 어떻게 작동했는가
_ 위기 대응 시스템의 해부

무속의 4대 기능

"무속은 실제로 효과가 있습니까?"

이 질문에 답하려면 먼저 '효과'가 무엇을 의미하는지 명확히 해야 한다. 병이 낫는 것, 사업이 잘되는 것, 시험에 합격하는 것. 이런 구체적 결과를 기대한다면 무속의 효과를 측정하기 어렵다.

그러나 효과를 다르게 정의하면 이야기가 달라진다. 불안이 줄어드는 것, 마음이 안정되는 것, 공동체가 회복되는 것, 다시 살아갈 힘을 얻는 것. 이런 심리·사회적 효과를 본다면 무속은 분명히 작동했다.

"무속은 답을 주지 않았지만 견딜 수 있게 했다."

무속은 문제를 해결하지 못했다. 병을 낫게 하지 못했고, 사업을 흥하게 하지 못했으며, 죽은 사람을 살리지 못했다. 그러나 무속은 사람들이 그 고통을 견디게 했다. 무너지지 않고, 포기하지 않고, 다시 일어서게 했다.

이것이 무속의 본질적 기능이다. 무속의 기능을 네 가지로 분류하면 다음과 같다.

첫 번째 기능: 치유(Healing)

무속은 의료가 아니다. 약을 주지 않고, 수술을 하지 않으며, 과학적 치료를 제공하지 않는다. 그럼에도 무속은 치유 기능을 수행했다. 어떻게? 무속의 치유는 의학적 치료가 아니라 심리·정서적 안정이다. 설명할 수 없는 고통에 '이름'을 부여하고, '원인'을 제시하며, '대응 방법'을 제공한다.

❶ 이름 부여(Naming)

원인 모를 병이 계속된다. 병원에 가도 원인을 찾지 못한다. 의사는 "검사상 이상이 없습니다"라고 말한다. 그러나 환자는 여전히 아프다. 두통, 복통, 무기력, 불면. 이것이 무엇인지 알 수 없다.

무당에게 간다. 무당은 "귀신이 붙었습니다" 혹은 "조상이 화가 났습니다" 혹은 "액운이 있습니다"라고 말한다.

이것이 의학적으로 정확한가? 아니다. 그러나 심리적으로 작동하는가? 그렇다. 이름을 얻는 순간 혼란이 줄어든다. 무엇인지 모르는 것이 귀신이 된다. 불확실성이 감소한다.

❷ 원인 제시(Explanation)

왜 나에게 이런 일이? 왜 하필 나한테? 이 질문은 견디기 어렵다. 우연이라고 말하면 더 괴롭다. 아무 이유 없이 고통받는다는 것은 잔인하다.

무속은 "할머니 제사를 빠뜨려서", "집터가 나빠서", "전생의 업보라서", "누군가 저주해서"라며 원인을 제공한다. 이 원인들이 과학적으로 증명되는가? 아니다. 그러나 의미를 제공하는가? 그렇다.

원인을 알면 대응할 수 있다. 제사를 지내면 되고, 굿을 하면 되며, 부적을 가지면 된다. 무력감이 행동으로 바뀐다.

❸ 대응 방법 제공(Action)

가장 고통스러운 것은 아무것도 할 수 없다는 느낌이다. 의학이 포기하면, 가족이 포기하면 본인도 포기하게 된다.

무속은 할 수 있는 일을 제공한다. 치병굿을 하고, 액막이를 하며, 부적을 붙이고, 제사를 지낸다. 이것들이 실제로 병을 낫게 하는가? 그것은 다른 문제다. 중요한 것은 포기하지 않게 만든다는 것이다.

심리학에서 이것을 '통제감 회복(Sense of Control)'이라고 부른다. 통제할 수 없는 상황에서 무언가를 할 수 있다는 느낌은 심리적 안정을 준다. 플라시보 효과도 여기서 작동한다.

치유는 병을 고치는 것이 아니라 병과 함께 살아갈 수 있게 하는 것이다. 무속은 병을 없애지 못했다. 그러나 병을 견디게 했다. 희망을 잃지 않게 했고, 포기하지 않게 했으며, 삶을 계속하게 했다.

오늘날에도 이 기능은 유효하다. 난치병 환자가 무당을 찾는다. 의학이 더 이상 할 수 없다고 했다. 그러나 환자는 포기하고 싶지 않다.

무당은 굿을 한다. 병이 낫는가? 대부분은 낫지 않는다. 그러나 환자는 위안을 얻는다. "내가 할 수 있는 것을 다 했다"라는 느낌이 중요하다. 마지막까지 싸웠다는 느낌, 포기하지 않았다는 느낌.

유족도 마찬가지다. 환자가 죽은 후 유족은 "더 해줄 것이 없었을까?"라며 죄책감에 시달린다. 굿을 했다는 사실, "우리는 최선을 다했다"라는 것이 위로가 된다.

두 번째 기능: 사회 통합(Social Integration)

❶ 마을 공동체 결속

무속은 개인만 다루지 않았다. 공동체도 다루었다. 마을굿, 당굿, 별신굿 등 이런 의례들은 마을 전체가 참여하는 행사였다.

무속의 사회 통합 기능을 이렇게 설명한다.

"마을굿은 공동체의 안녕을 기원하고, 갈등을 해소하며, 결속을 강화하는 사회적 장치였다."

❷ 공동의 목표

마을굿을 준비한다. 날짜를 정하고, 비용을 모으고, 역할을 나눈다. 누가 제물을 준비하고, 누가 장소를 마련하고, 누가 무당을 모셔 올 것인가를 정한다.

이 과정 자체가 공동체를 결속시킨다. 같은 목표를 향해 함께 움직인다. 평소에는 갈등이 있었을 수도 있다. 땅 경계 문제, 물 사용 문제, 개인적 다툼. 그러나 마을굿 앞에서는 협력한다.

❸ 함께하는 경험

굿이 시작된다. 마을 사람들이 모인다. 무당이 춤추고 노래하며 신을 부른다. 사람들은 함께 보고 들으며 참여한다.

굿은 긴 시간 동안 진행된다. 몇 시간, 때로는 며칠 동안 마을 사람들은 함께 있다. 음식을 나눠 먹고, 이야기를 나누며, 감정을 공유한다.

누군가 울면 함께 울고, 누군가 웃으면 함께 웃는다. 집단 감정 (Collective Emotion)이 형성된다. 이것이 공동체를 하나로 묶는다.

❹ 갈등 해소

마을에 문제가 있다. 두 집안이 다투었다. 누군가 마을 규칙을 어겼다. 공동 자원을 독차지했다. 이런 갈등을 어떻게 해결하는가?

전통 사회에는 법원이나 경찰이 없었다. 마을 스스로 해결해야 했다. 그러나 직접 대면해서 해결하기는 어렵다. 감정이 격해지고, 싸움이 커질 수 있다.

굿은 간접적 해결 방식을 제공했다. 신의 이름으로 경고하고, 화해를 권유하며, 질서를 회복했다. "신이 화가 났다. 마을이 화합하지 못하면 재앙이 온다"라며 신의 권위를 빌려 중재했다.

굿은 갈등을 직접 해결하지 않지만, 해결할 수 있는 분위기를 만들었다.

❺ 정체성 강화

마을굿은 매년 같은 시기, 같은 장소에서 정기적으로 열렸다. 이것은 마을의 전통이 되었다. "우리 마을은 이런 굿을 한다"라는 것이 정체성이다.

정체성은 소속감을 준다. "나는 이 마을 사람이다", "우리는 함께한다"라는 느낌이 공동체를 유지시킨다.

특히 농경 사회에서 공동체는 생존의 조건이었다. 혼자서는 농사를 지을 수 없고, 집을 지을 수 없으며, 재난에 대응할 수 없었다. 공동체가 무너지면 개인도 무너졌다. 무속은 그 공동체를 유지하는 문화적 장치였다.

세 번째 기능: 전환 의례 (Rites of Passage)

인간의 삶에는 중요한 전환점이 있다. 태어남, 성년이 됨, 결혼함, 죽음 등 이런 전환점은 개인뿐 아니라 가족과 공동체에도 영향을 미친다.

전환 의례는 이 전환을 공식화하고, 안정화시키며, 의미를 부여했다. 프랑스의 인류학자 반 게넵(Van Gennep)은 전환 의례를 분리(Separation), 전환(Transition), 통합(Incorporation)의 세 단계로 분석했다.

무속도 전환 의례를 수행했다. 무속은 생애주기의 전환점마다 의례를 제공했다. 출생, 성년, 혼인, 죽음의 각 단계를 안전하게 넘어가도록 도왔다.

❶ 출생 의례

아이가 태어났다. 기쁜 일이다. 그러나 동시에 위험한 시기다. 산모와 아기 모두 약하다. 감염, 합병증, 산후 우울증 등 전통 사회에서 출산은 생명을 건 일이었다.

삼신굿, 산신제를 지냈다. 삼신할머니에게 아이를 보호해 달라고 빌었다. 산모가 빨리 회복되고, 아기가 건강하게 자라기를 기원했다.

이것이 의학적 효과가 있는가? 직접적으로는 없다. 그러나 심리적으로는 있다. 가족이 모여 아기를 축복하고, 산모를 격려하며, 공동체가 새 생명을 환영한다. 이것이 산모에게 힘을 주고, 가족에게 결속을 준다.

❷ 성년 의례

아이가 어른이 된다. 책임을 지고, 권리를 얻으며, 사회의 정식 구성원이 된다. 이 전환을 어떻게 표시하는가?

관례, 계례 같은 유교 의례도 있었지만 무속도 역할을 했다. 특히 마을 공동체 차원에서. 성인이 된 젊은이들이 함께 마을굿에 참여하고 역할을 맡으며 어른으로 인정받았다.

❸ 혼인 의례

결혼은 두 개인이 만나는 것만이 아니다. 두 가족이 만나고, 새로운 가정이 시작되며, 공동체의 구성이 바뀐다.

혼인 의례는 이 전환을 공식화한다. 무속에서는 신에게 고하고, 조상에게 알리며, "두 사람이 잘 살게 해 주십시오"라며 축복을 구했다.

❹ 죽음 의례

가장 중요한 전환은 죽음이다. 앞에서 살펴본 열시왕 체계, 49재, 탈상 등 이 모든 것이 죽음의 전환 의례다.

죽은 자는 이승에서 저승으로 전환한다. 산 자는 가족 구성원에서 조상 섬기는 사람으로 전환한다. 애도하는 사람에서 일상으로 돌아가는 사람으로 전환한다.

무속은 이 복잡한 전환들을 단계적으로 관리했다. 7일마다 제사를 지내며 조금씩 전환하고, 49일째 큰 전환을 하며, 3년째 완전히 전환을 완료한다.

전환 의례는 불안정한 시기를 안정적으로 통과하게 하는 문화적 안전장치였다.

전환기는 불안하다. 옛것은 사라졌고, 새것은 아직 확립되지 않았다. 정체성이 흔들리고, 역할이 모호하며, 미래가 불확실하다.

의례는 이 불안정을 구조화한다. 언제 무엇을 해야 하는지 명확히 하고, 공동체가 함께 지켜보며 새로운 상태를 공식적으로 인정한다. 이것이 안정을 준다.

네 번째 기능: 위기 대응(Crisis Management)
❶ 재난·사고 후 질서 회복

무속이 가장 강력하게 작동한 영역은 위기 상황이었다. 전염병, 화재, 수해, 가뭄, 전쟁 같은 재난 앞에서 무속은 공동체의 비상 대응 체계였다.

무속은 위기 대응 시스템이었다. 재난 후 흩어진 공동체를 다시 모으고, 트라우마를 집단적으로 처리하며, 질서를 회복했다.

❷ 재난의 의미화

재난이 닥쳤다. 왜? 아무도 모른다. 과학이 없던 시대에 사람들은 원인을 알 수 없었다. 갑자기 전염병이 돌고, 갑자기 불이 나고, 갑자기 홍수가 났다.

원인을 모르는 것은 두렵다. 언제 또 일어날지, 어떻게 막을지 알 수 없다. 무력감이 공포를 키운다.

무속은 재난을 의미화했다. "마을 수호신이 화가 나서", "조상 제사를 소홀히 해서", "마을에 부정한 일이 있어서"라는 설명은 과학적으로 틀렸다. 그러나 심리적으로 작동했다.

원인을 알면 대응할 수 있다. 신을 달래면 되고, 제사를 지내면 되며, 부정을 씻으면 된다. 무력감이 행동으로 바뀐다.

❸ 집단 트라우마 처리

재난은 집단 트라우마를 남긴다. 많은 사람이 죽고, 집이 무너지고, 생업이 파괴된다. 살아남은 사람들은 슬픔, 공포, 죄책감, 무력감 등으로 충격에 빠진다.

현대 심리학에서는 집단 트라우마를 치료하기 위해 집단 상담, 추모 의식, 공동체 회복 프로그램을 사용한다. 무속은 이미 이것을 하고 있었다.

재난 후 마을굿을 열었다. 죽은 사람들을 추모하고, 살아남은 사람들을 위로하며, 함께 슬퍼하고, 함께 기도했다. 이 과정을 통해 트라우마가 해소되었다.

개인이 혼자 감당하는 것이 아니라 공동체가 함께 감당했다. 혼자 우는 것이 아니라 함께 울었다. 이것이 치유적이었다.

❹ 질서 회복

재난은 질서를 파괴한다. 일상이 무너지고, 역할이 사라지며, 규칙이 의미를 잃는다. 혼란이 온다.

무속은 질서를 회복하는 계기를 제공했다. 굿을 준비하면서 사람들은 다시 모였다. 역할을 나누고 협력하면서 함께 무언가를 했다. 일상이 조금씩 돌아왔다.

굿이 끝나면 "이제 다시 시작하자"라는 신호가 되었다. 슬픔은 남았지만 삶은 계속되어야 했다. 농사를 지어야 하고, 집을 지어야 하며, 아이를 키워야 했다.

무속은 이 재시작을 도왔다. 과거를 정리하고 현재를 인정하면서 미래로 나아가게 했다.

오늘날에도 이 기능은 필요하다. 세월호 참사, 이태원 참사, 대형 화재 등 이런 재난 후에 무엇이 필요한가?

공식적으로는 구조, 치료, 배상, 처벌이 필요하다. 그러나 그것만으로는 부족하다. 슬픔을 표현할 공간, 함께 애도할 시간, 다시 살아갈 힘이 필요하다.

일부 유족들은 씻김굿, 천도굿을 한다. 왜? 공식 제도가 다루지 못하는 감정을 다루기 위해서다. 억울함, 그리움, 죄책감 등 이런 것들을 의례를 통해 표현하고 조금씩 정리한다.

무속은 제도가 할 수 없는 것을 했다. 감정을 다루고, 의미를 부여하며, 공동체를 회복시켰다.

네 가지 기능의 통합

무속의 네 가지 기능은 분리되어 있지 않다. 하나의 굿이 여러 기능을 동시에 수행한다.

치병굿은 개인을 치유하지만, 동시에 가족을 결속시킨다(사회 통합). 죽음 의례는 전환을 관리하지만, 동시에 위기에 대응한다. 마을굿은 공동체를 통합하지만, 동시에 개인의 불안을 치유한다.

무속은 단일 기능이 아니라 복합적 기능을 수행하는 종합 시스템이었다. 무속을 단순히 '미신'이나 '주술'로 보면 이 복합성을 놓친다. 무속은 심리치료이면서 동시에 사회 통합 장치였고, 전환 관리 프로그램이면서 동시에 위기 대응 체계였다.

이 모든 기능의 핵심은 하나다.

"무속은 사람들이 견딜 수 있게 했다."

굿의 4단계 구조 분석

굿은 무속의 핵심 의례다. 무당이 주관하고, 신을 부르며, 음악과 춤으로 진행되는 종합 예술이자 종교 의식이다.

굿은 단순한 제사가 아니라 신과 인간, 산 자와 죽은 자, 이승과 저승을 연결하는 총체적 의례다.

굿에는 명확한 구조가 있다. 지역마다, 목적마다 차이는 있지만 기본 흐름은 비슷하다.

1단계 청신(請神): 신을 청해 모심

굿의 시작이다. 무당은 신을 부른다. 노래하고 춤추며 "신이시여, 이곳에 오소서"라고 기도한다.

왜 신을 불러야 하는가? 신은 항상 있지 않다. 신은 부를 때 온다. 의례를 통해 드러난다. 청신은 신에게 초대장을 보내는 것이다.

청신의 방법은 다양하다. 무가를 부르고, 방울을 흔들며, 북을 치고, 춤을 춘다. 분위기가 고조된다. 참여자들도 "신이 오실 것이다"라며 집중한다.

이것은 심리학적으로 보면 '트랜스 유도(Trance Induction)'다. 반복적인 리듬, 강렬한 음악, 몸의 움직임 등 이런 것들이 변성 의식 상태를 만든다. 일상적 의식에서 벗어나 특별한 상태로 들어간다.

무당만 트랜스 상태에 들어가는 것이 아니다. 참여자들도 영향을 받는다. 몰입하고 집중하면서 평소와 다른 감각을 경험한다.

2단계 오신(娛神): 신을 즐겁게 함

신이 왔다. 이제 무엇을 하는가? 신을 대접한다. 음식을 올리고, 술을 따르며, 춤과 노래로 즐겁게 한다.

왜 신을 즐겁게 해야 하는가? 신의 기분이 좋아야 사람의 소원을 들어주기 때문이다. 화난 신은 위험하다. 기분 좋은 신은 호의적이다.

오신 단계는 굿의 가장 화려한 부분이다. 무당은 최고의 춤을

추고, 최고의 노래를 부르며, 최고의 공연을 펼친다. 제물(과일, 떡, 술, 고기)도 풍성하게 차려진다.

이것은 신을 위한 것이기도 하지만, 사람을 위한 것이기도 하다. 참여자들은 화려한 의례를 보며 만족한다. "우리가 정성을 다 했다"라는 느낌이 중요하다.

심리학적으로 보면 이것은 '카타르시스(Catharsis)'를 준비하는 단계다. 긴장을 고조시키고, 감정을 축적하며, 폭발적 해소를 준비한다.

3단계 해원(解冤)·치성(致誠): 한을 풀고 기원함

굿의 핵심이다. 이 단계에서 실제 목적이 수행된다. 해원은 한을 푸는 것이다. 억울함, 원한, 미련 등을 풀어준다. 죽은 자의 한을 풀고, 산 자의 한도 푼다.

무당은 "나는 억울하게 죽었다", "너희를 원망한다", "그러나 이제 보내 달라"라는 망자의 목소리를 전한다. 유족은 듣고 울며 "미안하다", "용서해 달라", "잘 가라"라고 대답한다.

이것은 연극 같기도 하다. 그러나 진심이 담겨 있다. 유족은 정말로 망자와 대화한다고 느낀다. 하고 싶었던 말을 하고, 듣고 싶었던 말을 듣는다.

치성은 정성을 올리는 것이다. 소원을 빈다. 병이 낫기를, 사업이 잘되기를, 가족이 평안하기를 신에게 간절히 기원한다.

이 단계에서 감정이 폭발한다. 참여자들이 울고 웃으며 소리친다. 억눌렀던 감정이 터져 나온다. 이것이 카타르시스다.

현대 심리치료에서 '감정 표출(Emotional Release)'이라고 부르는 것을 무속은 이미 하고 있었다. 억압된 감정을 안전한 공간에서 표현하고, 집단이 함께 받아주며 정화시킨다.

4단계 송신(送神): 신을 보냄

굿의 마무리다. "신이시여, 이제 돌아가소서. 감사합니다"라며 신을 보낸다. 왜 신을 보내야 하는가? 신이 계속 머물면 위험하다. 신은 강력한 존재다. 일상 공간에 계속 있으면 안 된다. 신은 필요할 때 오고, 끝나면 가야 한다.

송신은 종결을 의미한다. 의례가 끝났다. 특별한 시간이 끝나고 일상이 돌아온다. 트랜스 상태에서 깨어나고 평범한 현실로 돌아온다.

송신을 제대로 하지 않으면 문제가 생긴다고 믿었다. 신이 머물러 사람에게 해를 끼칠 수 있다고 생각했다. 그래서 송신은 매우 중요했다.

심리학적으로 보면 이것은 '종결(Closure)'이다. 시작이 있으면 끝이 있어야 한다. 끝을 명확히 해야 일상으로 돌아갈 수 있다.

굿의 심리적 메커니즘

굿을 현대적으로 해석하면 집단 심리치유 프로그램이라고 할 수 있다. 굿의 각 단계는 심리치료의 단계와 유사하다.

- **청신**(도입 및 라포 형성): 안전한 공간을 만들고, 특별한 시간을

시작하며, 참여자들을 몰입시킨다.

- **오신**(긴장 고조 및 준비): 감정을 축적하고, 카타르시스를 준비하며, 표현할 공간을 만든다.
- **해원·치성**(감정 표출 및 재구성): 억압된 감정을 표현하고, 새로운 의미를 부여하며, 관계를 재정립한다.
- **송신**(통합 및 일상 복귀): 경험을 정리하고 종결하며, 일상으로 돌아갈 준비를 한다.

이것은 우연이 아니다. 인간의 심리는 비슷한 과정을 통해 치유된다. 무속은 과학적 언어로 설명하지 않았지만 본능적으로 이 과정을 알고 있었다.

굿의 다층적 효과

❶ 개인 차원

- 감정 해소: 울고 웃으며 소리치고, 억눌린 감정을 방출
- 의미 부여: 고통에 이유를 주고, 이해 가능하게 만듦
- 통제감 회복: 무언가를 했다는 느낌, 포기하지 않았다는 느낌

❷ 관계 차원

- 화해: 산 자와 죽은 자, 혹은 산 자들 사이의 관계 재정립
- 용서: 미움을 풀고, 원망을 놓으며, 새로 시작할 준비
- 작별: 떠나보내고, 돌아가게 하며, 각자의 길을 가게 함

❸ 공동체 차원

- 결속: 함께 의례를 치르며 공동체 의식 강화

- 지지: 혼자가 아니라 함께 있다는 느낌
- 정상화: 일상으로 돌아가는 사회적 허가

❹ 상징 차원

- 세계관 확인: 이승과 저승, 신과 인간의 관계 재확인
- 질서 회복: 혼란이 정리되고, 각자의 자리를 찾음
- 연속성: 과거-현재-미래의 연결 유지

이 모든 효과가 동시에 작동한다. 그래서 굿은 강력하다.

굿은 왜 길고 화려한가

굿은 짧지 않다. 몇 시간에서 며칠까지 걸린다. 왜 그렇게 긴 것일까?

심리적 변화는 시간이 필요하다. 트라우마를 처리하고 감정을 표현하며 의미를 재구성하는 데는 시간이 걸린다. 짧은 의례로는 충분하지 않다.

굿은 형식과 내용이 화려하다. 의상, 음악, 춤, 제물 등은 왜 그렇게 화려한가?

감각을 자극해야 몰입이 일어난다. 시각, 청각, 후각, 촉각 등 모든 감각을 동원해 일상과 다른 경험을 만든다. 이것이 특별함을 만들고 의미를 강화한다.

굿의 길이와 화려함은 낭비가 아니라 필요다. 심리적 변화에는 시간과 강도가 필요하다.

무속의 사회적 공헌도

"무속은 사회에 기여했습니까?"

이 질문에 답하려면 기준이 필요하다. 무엇을 기여라고 볼 것인가? 경제 발전이나 과학 진보 등의 기준으로 보면 무속은 기여하지 못했다.

그러나 기준을 바꾸면 이야기가 달라진다. 사회 통합, 심리 안정, 문화 창조, 위기 대응 등의 기준으로 보면 무속은 분명히 기여했다.

무속의 사회적 공헌을 역사적 차원과 현대적 차원으로 나누어 평가해 보면 다음과 같다.

첫째, 역사적 공헌

❶ 재난 대응

전통 사회에는 국가 재난 대응 체계가 없었다. 전염병이 돌면, 홍수가 나면, 가뭄이 들면 국가가 할 수 있는 것은 제한적이었다.

무속이 그 빈자리를 채웠다. 역병굿, 수신제, 기우제와 같은 의례들은 실제로 재난을 막지는 못했다. 그러나 사람들이 패닉에 빠지지 않게 했다. 무언가를 하고 있다는 느낌, 신에게 호소할 수 있다는 느낌이 사회를 안정시켰다.

재난 후에는 추모와 회복의 역할을 했다. 죽은 자를 추모하고, 산 자를 위로하며, 공동체를 다시 일으켜 세웠다.

❷ 비공식 안전망

국가 복지가 없던 시대에는 개인이 위기에 처하면 어떻게 했는가? 가족과 공동체가 도왔다. 그러나 심리적 고통, 설명할 수 없는 불안, 죽음에 대한 공포 등 가족도 공동체도 도울 수 없는영역이 있었다.

무속이 그것을 다루었다. 무속은 제도 밖에서 인간의 불안과 재난을 관리해 온 한국형 비공식 안전시스템이며, 무당은 그 운영자이다.

공식 안전망(국가, 법률, 의료)이 닿지 못하는 곳에서 비공식 안전망(가족, 공동체, 무속)이 작동했다. 무속은 비공식 안전망의 중요한 축이었다.

❸ 문화 창조

무속은 한국 전통문화의 중요한 원천이었다. 무가(巫歌)는 한국 전통 음악의 뿌리 중 하나다. 시나위, 살풀이, 산조와 같은 음악들은 무속 음악에서 발전했다.

무무(巫舞)는 한국 춤의 원형이다. 승무, 살풀이춤은 바로 무속춤에서 유래했다.

또한 무가에는 풍부한 이야기가 담겨 있다. 창세 신화, 영웅 이야기, 사랑과 복수의 서사. 이것들은 한국 문학의 자산이다. 이외에도 무신도(巫神圖), 시왕도(十王圖)는 한국 민화의 중요한 장르다.

무속은 한국 전통 예술의 보고(寶庫)였다. 무속이 없었다면 한국 문화는 훨씬 빈약했을 것이다.

둘째, 현대적 기여 가능성

❶ 추모와 애도

현대 사회에도 사고, 자살, 재난 등 갑작스러운 죽음이 있다. 유족은 트라우마에 시달린다. 국가는 배상과 처벌을 하지만 감정을 다루지는 못한다.

무속은 여전히 그 역할을 할 수 있다. 씻김굿, 천도굿은 유족에게 감정을 표현할 공간을 준다. 울고 말하며 작별할 수 있게 한다.

세월호 참사 유족 중 일부는 굿을 했다. 공식 추모식만으로는 부족했다. 더 깊은 슬픔, 더 큰 억울함을 표현하고 싶었다. 굿은 그 공간을 제공했다.

❷ 상실 수용

현대인은 상실을 다루는 방법을 잘 모른다. 죽음을 숨기려 하고, 슬픔의 감정을 억누르면서 빨리 잊으려 한다. 그러나 억압된 슬픔은 병이 된다.

무속은 상실을 수용하는 전통적 방법을 가지고 있다. 조금씩 단계적으로 의례를 통해 보내는 방법. 7일, 49일, 100일, 1년, 3년. 이 구조는 여전히 유효하다.

❸ 공동체 복원

현대 사회는 개인화되었다. 공동체가 약화되고, 연대가 희미해졌다. 그러나 위기 때는 공동체가 필요하다.

마을굿 같은 공동체 의례는 재해석될 수 있다. 마을 축제, 지역 행사, 문화 프로그램의 형태는 달라도 본질은 같다. 사람들을 모으고 함께하면서 결속을 만든다.

무속의 현대적 가치는 형식이 아니라 기능에 있다. 형식은 변해도 기능은 필요하다.

조건부 기여

무속이 현대 사회에 기여하려면 조건이 있다. 먼저 윤리를 갖춰야 한다. 공포 조장, 착취, 통제는 안 된다. 사람의 자유를 존중하고, 자립을 목표로 하며, 투명하게 운영해야 한다.

또한 사이비와 명확히 구분되어야 한다. 무속을 가장한 사기꾼들을 걸러내야 한다. 내부 자정 노력이 필요하다.

아울러 공공성을 확보해야 한다. 개인의 신앙은 자유지만, 공공 영역에 들어오려면 사회적 기준을 충족해야 한다.

이 조건을 갖출 때 무속은 현대 사회에도 기여할 수 있다.

무속이 사회에 어떻게 작동했는지 핵심적인 문장으로 정리하면 다음과 같다.

- 무속은 네 가지 기능을 수행했다. 치유, 사회 통합, 전환 의례, 위기 대응. 이 기능들은 분리되지 않고 복합적으로 작동했다.
- 굿은 무속의 핵심 의례다. 청신, 오신, 해원·치성, 송신의 4단계 구조를 가진다. 이것은 집단 심리치유 프로그램과 유사하다. 감정 표출, 의미 재구성, 관계 회복, 일상 복귀를 돕는다.
- 무속은 역사적으로 사회에 기여했다. 재난 대응, 비공식 안전

망, 문화 창조. 현대에도 기여할 가능성이 있다. 추모와 애도, 상실 수용, 공동체 복원. 단 윤리를 갖추고, 사이비와 구분되며, 공공성을 확보해야 한다.

• 무속을 이해하는 것은 무속을 믿으라는 것이 아니다. 무속이 수행했던 기능을 인정하고, 그 기능을 현대적으로 어떻게 계승할 것인가를 고민하자는 것이다.

다음 장에서는 무속의 윤리를 다룰 것이다. 신의 권위가 아니라 사람의 자유를 기준으로 하는 윤리, 의존이 아니라 자립을 목표로 하는 윤리를 제시한다.

6장

무속의 윤리는 어디서 오는가
_ 신의 권위가 아닌 사람의 자유 기준

무속 윤리 5대 원칙

"무속에 윤리가 있습니까?"

이 질문은 두 가지 의미를 가진다. 하나는 무속인들이 지켜야 할 윤리가 있는가 하는 것이고, 다른 하나는 무속이 가르치는 윤리가 있는가 하는 것이다.

두 질문 모두 답은 있다. 그러나 그 윤리는 명문화되지 않았고, 통일되지 않았으며, 강제되지 않았다. 그래서 무속에 윤리가 없다고 오해받아 왔다.

무속 윤리의 필요성을 명확히 해야 한다. 무속이 문화로 계승되기 위해서는 윤리가 필요하다. 신앙은 개인의 자유이지만, 문화로 남기 위해서는 사회적 기준이 있어야 한다.

신앙의 자유는 헌법이 보장한다. 누구든 무속을 믿을 수 있고,

굿을 할 수 있으며, 무당을 찾아갈 수 있다. 국가는 이것을 간섭할 수 없다.

그러나 무속이 공공 영역으로 들어오려면, 문화재로 보호받으려면, 정책 지원을 받으려면 사회적 기준이 필요하다. 그 기준이 윤리다.

무속의 윤리는 어디서 오는가? 무속의 윤리는 '신의 권위'가 아니라 '사람의 자유'를 기준으로 삼아야 한다.

기독교의 윤리는 신의 계명에서 온다. 불교의 윤리는 부처의 가르침에서 온다. 그러나 무속은 통일된 신학이 없고, 경전이 없으며, 절대적 권위가 없다. 그렇다면 무속의 윤리는 무엇을 기준으로 삼아야 하는가?

사람이다. 사람의 자유, 사람의 존엄, 사람의 자율성. 이것이 무속 윤리의 기준이 되어야 한다.

제1원칙: 비강요 원칙

신앙과 의례 참여는 전적으로 자발적이어야 한다. 공포와 불행의 예언으로 사람을 협박해서는 안 된다. 무속은 강요될 수 없다. 믿으라고 강요할 수 없고, 굿을 하라고 강요할 수 없으며, 무당을 찾아가라고 강요할 수 없다.

"안 하면 죽는다", "큰일 난다", "집안이 망한다"라는 말은 협박이다. 공포로 사람을 움직이게 하는 것은 자발성을 파괴한다. 전통 무속에서도 이런 말은 금기였다.

무당은 "조심하세요", "이렇게 하는 것이 좋습니다"라고 경고

할 수 있었다. 그러나 위협해서는 안 되었다. "안 하면 이렇게 됩니다", "안 하면 죽습니다"라는 말은 전혀 다르다.

"하지 않으면 죽는다" 류의 협박성 예언, 구체적 날짜·사건 지정("○월 ○일에 사고 난다"), 가족 위협("자식이 다친다", "부모가 병든다"), 재산 위협("사업이 망한다", "집을 잃는다") 등은 모두 공포를 조장한다. 공포는 판단력을 흐리게 하고, 자발성을 없애며, 통제를 가능하게 만든다.

※ 권유와 협박의 차이
- 권유: 이렇게 하면 도움이 될 것입니다.
- 협박: 안 하면 큰일 납니다.
- 권유: 제사를 지내는 것이 좋겠습니다.
- 협박: 제사 안 지내면 조상이 화내서 자식이 다칩니다.

권유는 선택권을 남기고, 협박은 선택권을 없앤다. 무속은 권유할 수 있지만, 협박해서는 안 된다.

그렇다면 왜 자발성이 중요한가? 강요된 신앙은 신앙이 아니라 복종이다. 무속의 본질은 사람을 돕는 것이지, 사람을 통제하는 것이 아니다.

굿을 자발적으로 선택했을 때 그것은 의미가 있다. "내가 원해서 했다", "내 결정이었다"라는 것이 치유적이다.

그러나 굿을 강요당했다면? "할 수밖에 없었다", "무서워서 했다"라는 것은 치유가 아니라 트라우마다.

제2원칙: 자립 존중 원칙

의례는 종결 가능해야 한다. 반복과 의존 구조를 만들어서는 안 된다. 굿은 끝나야 한다. 문제를 정리하고, 사람들을 일상으로 돌려보내야 한다. 계속 붙잡아서는 안 된다.

전통 무속에는 "굿은 문제를 끝내는 것이지, 관계를 시작하는 것이 아니다"라는 명확한 원칙이 있었다.

망자를 위한 굿을 했다. 49재를 지냈다. 끝이다. 망자는 저승으로 갔고, 유족은 일상으로 돌아간다. 물론 1년째, 3년째 추가 제사가 있지만, 그것도 정해진 일정이 있다. 끝없이 계속되지 않는다.

병을 위한 굿을 했다. 치병굿을 지냈다. 끝이다. 나았으면 감사하고, 낫지 않았으면 다른 방법을 찾는다. 계속 같은 굿을 반복하지 않는다.

무속은 반복 구조를 경계한다. 끝없는 추가 굿 요구는 금지된다. "이번 굿으로 부족합니다. 한 번 더 해야 합니다", "다른 신이 화가 났습니다. 그 신도 풀어야 합니다", "계속 해야 효과가 있습니다. 한두 번으로는 안 됩니다"라는 말들은 모두 반복을 유도한다. 반복은 의존을 만든다. 혼자서는 아무것도 결정할 수 없게 되고, 무당 없이는 살 수 없게 된다.

무속의 끝은 의존이 아니라 자립이어야 한다. 치유는 자립으로 끝나고, 사이비는 의존으로 끝난다.

무속의 목표는 무엇인가? 사람을 돕는 것이다. 돕는다는 것은 무엇인가? 스스로 살아갈 수 있게 만드는 것이다.

굿을 했다. 마음이 편해졌다. 다시 일상으로 돌아갔다. 일하고, 밥 먹고, 가족과 지내고, 미래를 계획한다. 이것이 성공이다.

굿을 했다. 그런데 계속 불안하다. 또 굿을 해야 할 것 같다. 무당에게 물어봐야 할 것 같다. 혼자서는 결정할 수 없다. 이것은 실패다.

전통 무속은 일회성 관계를 전제로 했다. 필요할 때 찾아가고, 끝나면 헤어진다. 다음에 또 문제가 생기면 찾아갈 수도 있고, 다른 무당에게 갈 수도 있다.

지속적 관계가 아니었다. 매주 만나야 하는 것도 아니고, 정기적으로 연락해야 하는 것도 아니었다. 무당과 신도 사이에 끈끈한 유대가 형성되는 것을 경계했다. 왜냐하면 끈끈한 유대는 의존으로 이어질 수 있기 때문이다.

거리가 있어야 자유롭다. 언제든 떠날 수 있어야 건강한 관계다.

제3원칙: 금전 투명성 원칙

비용은 사전에 고지되어야 하며, 추가 비용을 강요해서는 안 된다. 대출이나 차용, 재산 처분을 유도해서는 절대 안 된다.

무속도 경제 활동이다. 무당은 생계를 유지해야 하고, 굿에는 비용이 든다. 비용을 받는 것은 정당하다.

그러나 비용은 투명해야 한다. 얼마가 드는지 미리 알려야 하고, 추가 비용을 강요해서는 안 되며, 능력을 넘어서는 요구를 해서도 안 된다.

굿을 하기 전에 "이 굿은 이만큼 듭니다"라고 명확하게 비용을 말해야 한다. 제물 비용, 무당 수고비, 악사 비용, 공간 대여비 등 항목별로 설명하고 총액을 알려준다. 의뢰인이 감당할 수 있는지 확인한다.

"너무 비쌉니다. 줄일 수 있습니까?"라고 물으면 "가능합니다. 이렇게 하면 줄어듭니다"라는 협의가 가능해야 한다. 능력에 맞춰 조절할 수 있어야 한다.

굿 중간에 더 내야 한다는 요구, 비싼 굿을 해야 효과 있다는 주장, 능력 초과 금액 압박, 대출·차용 유도, 재산(부동산·예금) 처분 종용 등은 절대 금지해야 할 사항이다.

굿을 시작했는데 "신이 더 화가 났다고 합니다. 비용을 더 내야 합니다"라는 것은 사기다. 굿을 시작하기 전에 모든 비용을 확정해야 한다. 중간에 바꾸면 안 된다.

"집을 팔아서라도 해야 합니다. 안 하면 더 큰 손해를 봅니다"라는 것은 범죄다. 재산 처분을 유도하는 것은 착취다. 무속은 절대로 이런 요구를 해서는 안 된다. 신은 사람의 능력을 보고 요구하지, 능력을 넘어서는 것을 요구하지 않는다.

전통 무속에는 "능력 안에서 정성을 다하면 된다"라는 암묵적 원칙이 있었다. 부자는 크게 하고, 가난한 사람은 작게 해도 된다. 중요한 것은 돈의 액수가 아니라 마음이다.

현대 무속도 이 원칙을 지켜야 한다. 무리한 요구를 하지 말고, 능력에 맞춰 조절하며, 경제적 부담이 되지 않게 해야 한다.

또한 "돈을 많이 내면 효과가 크다"라는 말은 거짓이다. 비용과 효과는 직접적 관계가 없다. 비용은 의례의 규모에 따라 달라진다. 큰 굿은 비용이 많이 들고, 작은 굿은 적게 든다. 그러나 큰 굿이 반드시 효과가 큰 것은 아니다.

효과는 정성과 마음에 달려 있다. 작은 굿이라도 진심으로 하면 의미가 있다. 큰 굿이라도 형식적으로 하면 의미가 없다.

비용을 효과와 연결시키는 순간 그것은 장사가 된다. 신앙이 아니라 거래가 된다.

제4원칙: 책임 명확성 원칙

의례의 실패를 신도의 믿음이나 정성 부족으로 돌려서는 안 된다. 결과에 대한 윤리적 설명과 책임이 있어야 한다.

굿을 했다. 그런데 나아지지 않았다. 병은 여전하고, 사업은 여전히 안 되고, 문제는 여전히 남아 있다. 누구 책임인가?

"네 믿음이 부족해서다", "정성을 제대로 안 들여서다", "신을 의심해서다", "네 마음이 불순해서다"라는 말들은 모두 책임을 의뢰인에게 돌린다. 무당은 최선을 다했는데, 의뢰인이 문제라는 것이다.

이것은 비겁하다. 명확하게 비판해야 한다. 실패 책임을 항상 신도 탓으로 돌리는 것은 책임 회피다.

굿을 했는데 나아지지 않았다. 무당은 어떻게 해야 하는가?

정직하게 "잘 안 됐네요", "제가 할 수 있는 것은 여기까지인 것 같습니다"라고 인정해야 한다. 그리고 "병원에 가보세요", "다른 무당을 찾아보세요", "시간을 두고 지켜보세요"라고 다른 방법을 제안할 수 있다.

절대 하지 말아야 할 것은 "한 번 더 하면 됩니다", "계속하면 효과가 있습니다"라며 계속 돈을 받으며 같은 것을 반복하는 것이다.

무속은 만능이 아니다. 무당도 만능이 아니다. 할 수 있는 것이 있고, 할 수 없는 것이 있다.

- 무속이 할 수 있는 것: 심리적 위안, 의미 부여, 공동체 결속, 감정 표출
- 무속이 할 수 없는 것: 병 치료, 사업 성공 보장, 죽은 사람 살리기, 미래 확정

이 한계를 인정해야 한다. 무속인은 자신의 한계를 인정할 수 있어야 한다. "내가 할 수 있는 것은 여기까지입니다"라고 말할 수 있어야 한다.

한계를 인정하는 것은 나약함이 아니라 정직함이다. 과장하지 않고, 속이지 않으며, 현실적으로 돕는 것이 진정한 무속이다.

굿을 했다. 결과가 어떻든 무당은 설명할 책임이 있다.

- 나아졌다면: "왜 나아졌는가? 무엇이 도움이 되었는가?"
- 나아지지 않았다면: "왜 안 되었는가? 다음에는 어떻게 해야 하는가?"

물론 신앙의 영역에서 모든 것을 설명할 수는 없다. "신의 뜻을 다 알 수 없다"라고 말할 수도 있다. 그러나 최소한의 설명은 해야 한다. 그리고 절대로 의뢰인 탓으로 돌려서는 안 된다.

제5원칙: 외부 연계 존중 원칙

무속은 의료나 법률, 심리 상담을 대체할 수 없다. 이런 전문 영역과의 연계를 차단해서는 안 된다. 무속의 영역이 있고, 다른 전문 영역이 있다. 경계를 지켜야 한다.

아프면 병원에 가야 한다. 무당이 병을 고치는 것이 아니다. "병원에 가지 마세요. 저한테만 오세요", "약 먹지 마세요. 굿만 하면 됩니다", "수술하지 마세요. 신께 맡기세요"라는 말은 절대 금지다. 이것은 사람을 죽일 수 있다.

전통 무속은 이것을 구분했다. 병이 나면 의원에게 갔다. 동시에 굿도 했다. 둘은 경쟁하지 않았다. 의원은 몸을 치료하고, 무당은 마음을 달랬다.

현대에도 마찬가지다. 병원 치료를 받으면서 굿을 할 수 있다. 굿은 보조적 역할을 한다. 불안을 줄이고, 희망을 주며, 마음의 평안을 준다. 그러나 병원 치료를 대체하지는 않는다.

법적 문제는 변호사와 상담해야 한다. 무당이 법률 자문을 하는 것이 아니다.

"소송하지 마세요. 굿으로 해결됩니다", "경찰에 신고하지 마세요. 신께 맡기세요", "계약서 쓰지 마세요. 믿음으로 하세요"라는 말은 위험하다. 법적 권리를 포기하게 만들고, 피해를 키우며, 정

     무속을 다시 묻다

의를 막는다.

무속은 법률을 대체할 수 없다. 다만 법적 분쟁의 스트레스를 완화하고, 감정적 대응을 도울 수는 있다.

심각한 정신 건강 문제는 전문가와 상담해야 한다. 무당이 심리치료사가 아니다. 우울증, 불안장애, 트라우마, 자살 충동과 같은 것들은 전문적 치료가 필요하다. 굿만으로는 부족하다.

물론 굿이 심리적 도움을 줄 수 있다. 감정을 표출하고, 위안을 받으며, 의미를 찾는다. 이것은 가치 있다.

그러나 심각한 경우에는 "제가 도울 수 있는 것은 여기까지입니다. 전문가와 상담하세요"라며 전문가에게 연결해야 한다.

그리고 배제가 아니라 협력을 제안한다. 무속은 의료·법률·심리 전문 영역을 배제하는 것이 아니라 함께 작동할 수 있다.

- 병원 치료 + 굿 = 몸과 마음을 모두 돌봄
- 법률 대응 + 굿 = 권리 보호와 감정 해소
- 심리 상담 + 굿 = 전문 치료와 문화적 위로

각자의 영역을 존중하면서 함께 사람을 돕는 것, 이것이 이상적이다. 무속이 모든 것을 하려 하면 실패한다. 무속이 할 수 있는 것만 하고, 나머지는 전문가에게 맡겨야 한다.

위 다섯 원칙을 하나의 문장으로 요약하면, "무속 윤리의 핵심은 신의 권위가 아니라 사람의 자유를 기준으로 삼는다는 것이다”라고 할 수 있다.

무속 윤리의 다섯 원칙을 다시 정리하면 다음과 같다.

- 비강요: 자발성 존중, 공포 금지
- 자립 존중: 종결 가능, 의존 방지
- 금전 투명성: 사전 고지, 착취 금지
- 책임 명확성: 책임 회피 금지, 한계 인정
- 외부 연계 존중: 전문 영역 존중, 협력 가능

이 다섯 가지가 지켜질 때 무속은 건강하다. 이것이 어겨질 때 무속은 사이비로 변질된다.

무속 내부 자정 문장

무속에는 명문화된 윤리 강령이 없었다. 그러나 구전으로 전해지는 말들이 있었다. 무속인들 사이에서 금언처럼 전해진 문장들이다. 이것을 '무속 내부 자정 문장'이라고 부른다.

전통 무속에는 암묵적 규범이 존재한다. 이를 벗어나면 '잡신·가짜·사무친다'로 규정한다.

"신은 사람을 묶지 않는다."

가장 중요한 문장이다. 무슨 뜻인가? 신은 사람을 자유롭게 한다는 것이다. 신은 사람을 강요하지 않고, 통제하지 않으며, 지배하지 않는다.

만약 무당이 "신이 이렇게 하라고 명령한다", "신의 뜻을 거역하면 안 된다", "신 때문에 이것을 해야 한다"라고 말한다면?

그것은 신의 이름을 빙자한 통제다. 신이 묶는 것이 아니라 무당이 묶는 것이다.

전통 무속인들은 이것을 경계했다. 신은 자유를 주는 존재이지, 족쇄를 채우는 존재가 아니다.

"신 때문에 이혼할 수 없다", "신 때문에 직장을 그만둘 수 없다", "신 때문에 관계를 끊을 수 없다"라는 말을 듣는다면 그것은 잘못된 무속이다. 신은 사람의 삶을 구속하지 않는다. 신은 도움을 주되, 자유는 남긴다.

"굿은 문제를 끝내는 것이지 관계를 시작하는 것이 아니다."

두 번째 중요한 문장이다. 굿의 목적은 무엇인가? 문제를 정리하는 것이다. 한을 풀고, 불안을 해소하며, 다시 살아갈 수 있게 돕는 것이다.

굿이 끝나면 관계도 끝난다. 무당과 의뢰인은 헤어진다. 필요하면 다시 만날 수 있지만, 지속적으로 얽매일 필요는 없다.

만약 굿이 끝났는데도 "자주 연락하세요", "정기적으로 오세요", "나 없이는 안 됩니다"라며 계속 관계를 유지하게 만든다면? 그것은 굿의 본질을 벗어난 것이다. 문제를 끝내는 것이 아니라 의존 관계를 시작하는 것이다.

요즘 일부 무당들은 의뢰인과 지속적 관계를 만든다. 카카오톡으로 계속 연락하고, 작은 일도 물어보게 하며, 정기적으로 만나게 한다.

이것은 전통이 아니라 현대적 변질이다. 굿은 종결되어야 하고, 관계도 종결되어야 한다.

"신을 팔지 말고 의례를 행하라."

세 번째 문장이다. 무당은 무엇을 파는가? 신을 파는 것이 아니다. 의례를 제공하는 것이다.

신을 판다는 것은 무엇인가? "이 신은 영험하다", "이 신만 믿으면 부자 된다", "이 신을 모셔야 한다"라는 말은 신을 상품처럼 광고하고 마케팅하며 독점하는 것이다.

의례를 행한다는 것은 무엇인가? 정성껏 굿을 하고, 최선을 다하며, 사람을 돕는 것이다. 신의 효험을 장담하지 않고, 과장하지 않으며, 정직하게 일하는 것이다.

"이 부적을 가지면 로또 당첨됩니다", "이 신을 모시면 사업이 대박 납니다", "제 신은 다른 무당의 신보다 강합니다"라는 말들은 모두 신을 파는 것이다. 이것은 무속의 본질이 아니라 장사꾼의 행태다.

진정한 무속인은 신을 팔지 않는다. 다만 의례를 정성껏 행하고 사람을 도우며 자신이 할 수 있는 최선을 다할 뿐이다.

　　　　　　　　　　　　　　　

"법은 쓰되, 신을 속이지 말라."

네 번째 문장이다. 특히 법사(法師)에게 해당하는 말이다. 법사는 주문과 법식으로 의례를 행한다. 그런데 여기에는 유혹이 있다. 법을 과신하는 유혹, 기술로 신을 조종할 수 있다고 믿는 유혹.

법은 도구일 뿐이다. 신을 부르는 방법일 뿐이지, 신을 지배하는 수단이 아니다. 만약 법사가 "내 법이 신보다 강하다", "내가 신을 마음대로 부릴 수 있다"라고 생각한다면? 그것은 교만이다. 신을 속이는 것이다. 전통 무속은 이것을 경계했다.

"내 주문은 절대 효과가 있다", "내 법식은 실패한 적이 없다", "신이 내 말을 안 들을 수 없다"라는 말을 하는 법사는 위험하다. 법을 과신하고, 자신을 과대평가하며, 신을 도구화한다.

진정한 법사는 겸손하다. 법을 쓰되, 신을 존중한다. 인간의 한계를 알고, 신의 자유를 인정한다.

"법이 앞서면 신이 멀어진다."

다섯 번째 문장이다. 네 번째와 연결된다. 법(기술)이 중심이 되면 신(정성)은 사라진다. 형식이 앞서면 본질은 뒤로 밀린다.

굿을 하는데 무엇이 중요한가? 화려한 절차? 정확한 주문? 비싼 제물? 아니다. 중요한 것은 마음이다. 정성이며 진심이다. 법은 그 정성을 표현하는 도구일 뿐이다. 법이 목적이 되어서는 안 된다.

요즘 일부 무속인들은 "제 굿은 정통입니다", "제 주문은 고급입니다", "제 법식은 복잡합니다"라며 기술을 과시한다.

그런데 정작 마음은 없다. 형식적으로 하고, 돈만 받고 의뢰인에게 관심이 없다. 이것은 법이 앞선 것이다. 신은 멀어졌다.

진정한 무속은 법을 갖추되, 마음이 먼저다. 형식을 알되, 본질을 잊지 않는다.

자정 문장의 의미

위 문장들은 무속 내부의 윤리를 담고 있다. 명문화되지 않았지만 전승되어 왔다. 이 문장들은 무속이 자체적으로 경계를 만들고 일탈을 감시하면서 본질을 지키려 했다는 증거다.

무속은 외부의 강제가 없었다. 법으로 규제되지 않았고, 조직이 통제하지 않았으며, 경전이 규정하지 않았다.

그럼에도 무속은 자정 능력을 가지고 있었다. 이 문장들을 통해 스스로를 점검하고, 일탈을 경계하며, 본질을 지켰다.

물론 완벽하지는 않았다. 이 문장들을 어기는 무속인도 있었다. 그러나 적어도 기준은 있었다. 무엇이 옳고, 무엇이 그른지 아는 기준.

현대 무속도 이 전통을 계승해야 한다. 새로운 시대에 맞는 윤리를 만들되, 이 오래된 지혜를 잊지 말아야 한다.

윤리 없는 계승의 위험

무속을 어떻게 계승할 것인가? 두 가지 길이 있다. 윤리 없는 계승은 미신을 키우고, 윤리가 있는 계승만이 전통문화를 살린다. 어느 길을 갈 것인가?

윤리 없는 계승의 결과

윤리 없이 무속을 계승하면 어떻게 되는가?

❶ 미신 확산

무속의 형식은 남지만 본질은 사라진다. 굿은 하지만 마음은 없다. 신은 부르지만 정성은 없다. 그리고 무속은 점점 상업화되면서 돈벌이 수단이 된다. 사람을 돕는 것이 아니라 사람을 이용하는 것이 된다.

공포 마케팅이 성행한다. "안 하면 죽는다", "큰일 난다"라는 협박으로 사람을 끌어들인다. 의존 구조가 형성된다. "계속 와야 한다", "나 없이는 안 된다"라며 사람들을 붙잡아 놓는다.

이것이 미신이다. 무속의 형태를 하고 있지만, 실제로는 착취와 통제의 도구가 된 것이다.

❷ 사회적 불신

무속이 미신화되면 사회는 "무당은 다 사기꾼이다", "굿은 돈 낭비다", "무속은 미개한 것이다"라며 무속을 불신한다.

편견이 강화되고, 무속 전체가 부정적으로 인식된다. 진심으로 돕고자 하는 무속인도, 문화적 가치를 가진 의례도 모두 같은 낙인을 받는다.

❸ 문화 단절

미신으로 낙인찍힌 무속은 계승되지 않는다. 젊은 세대가 배우지 않는다. '부끄러운 것', '창피한 것'으로 여긴다. 무가가 사라지고, 춤이 사라지고, 의례가 사라진다. 몇십 년 후에는 기록으로만 남는다. 박물관의 유물이 된다.

윤리 없는 계승은 무속을 죽이는 가장 빠른 길이다.

윤리 있는 계승의 가능성

윤리를 갖추고 무속을 계승하면 어떻게 되는가?

❶ 전통문화로 인정

무속이 명확한 윤리 기준을 가지면 사회는 "이것은 사기가 아니라 전통이다", "이것은 미신이 아니라 문화다"라며 무속을 다르게 본다. 무형문화재로 보호받을 수 있고, 정책 지원도 받을 수 있다. 교육과 연구의 대상이 된다.

❷ 사회적 기여

윤리적 무속은 실제로 사회에 기여한다. 재난 후 추모, 상실 수용, 공동체 회복으로 국가와 제도가 하지 못하는 것을 보완한다. 세월호, 이태원 참사 이후 유족들이 굿을 찾았다. 윤리적인 무속인들은 이들을 정말로 도왔다. 돈을 뜯어내지 않고, 공포를 조장하지 않으면서 진심으로 위로했다.

이것이 사회적 기여다. 이런 무속은 존중받을 자격이 있다.

❸ 문화 계승

윤리를 갖춘 무속은 당당하다. 부끄러울 것이 없다. "이것은 우리 문화다", "이것은 가치 있는 전통이다", "이것은 사람을 돕는 의례다" 하며 젊은 세대도 배울 수 있다.

무가가 전승되고, 춤이 전승되고, 의례가 전승된다. 살아 있는 문화로 남는다.

윤리를 갖춘 무속만이 미래가 있다.

윤리 확립의 방법

그렇다면 무속의 윤리를 어떻게 확립할 것인가?

❶ 내부 자율 규제

법으로 강제할 수는 없다. 무속은 종교의 자유 영역에 있다. 국가가 개입하면 헌법 문제가 된다. 그렇다면 내부에서 해야 한다. 무속인들 스스로 윤리 기준을 만들고, 서로 감시하며, 일탈을 경계해야 한다.

무속인 협회, 단체, 모임 등 이런 조직들이 윤리 강령을 만들 수 있다. 강제력은 없어도 권고는 할 수 있다.

❷ 교육과 인증

윤리 교육을 할 수 있다. 무속을 배우는 사람들에게 '이것은 해도 되는 것, 이것은 하면 안 되는 것'으로 윤리를 가르친다.

윤리 인증 제도를 만들 수도 있다. "이 무속인은 윤리 기준을 준수합니다"라는 표시. 강제는 아니지만 자발적으로 참여하게 한다.

❸ 대중 교육

의뢰인들도 교육받아야 한다. 무엇이 정상이고, 무엇이 비정상인지 알아야 한다. "이런 말을 들으면 조심하세요", "이런 요구를 하면 거부하세요"와 같은 사이비 판별 체크리스트를 널리 알린다.

의뢰인이 똑똑해지면 나쁜 무속인은 살아남을 수 없다. 시장원리가 작동한다.

❹ 공공 정책

정부는 직접 규제할 수 없지만 간접적으로 도울 수 있다. 무형문화재 지정, 공공 행사 초청, 교육 프로그램 지원 등 윤리적 무속 활동을 지원한다.

비윤리적 무속 행위는 차단한다. 사기, 횡령, 협박 같은 범죄는 일반 법으로 처벌한다.

윤리 확립은 법적 강제가 아니라 내부 자율·교육·사회적 합의를 통해 이루어진다.

무속의 윤리는 어디서 오는가? 신의 권위가 아니라 사람의 자유에서 온다. 윤리 없는 계승은 미신을 키운다. 윤리 있는 계승만이 전통문화를 살린다.

무속이 현대 사회에서 살아남으려면, 문화로 계승되려면, 사회에 기여하려면 윤리가 필수다. 윤리 없는 무속은 미신일 뿐이고, 윤리 있는 무속만이 전통문화다.

다음 장에서는 무속을 전통문화로 만드는 구체적 조건을 다룰 것이다. 신앙과 문화의 분리 원칙, 정책 제안, 무속 문화 평가 지표를 제시할 것이다.

이제 제2부를 마무리하고, 제3부 '무속, 문화로 계승하다'로 나아가자.

제3부

무속, 문화로 계승하다

7장

무속을 전통문화로 만드는 조건
_ 신앙과 문화의 분리 원칙

계승 가능성의 핵심

"무속을 계승해야 할까?"

이 질문은 잘못되었다. 올바른 질문은 이것이다.

"무속의 무엇을 어떻게 계승할 것인가?"

무속을 통째로 계승할 수는 없다. 무속은 신앙이면서 동시에 문화이고, 개인적 경험이면서 동시에 집단적 유산이며, 종교적 행위이면서 동시에 예술적 표현이다. 이 모든 것을 하나로 묶어 계승하기는 불가능하다.

신앙은 개인의 자유다. 그러나 문화는 사회의 자산이다. 무속을 믿을 것인가 말 것인가는 개인이 결정한다.

국가도, 사회도, 누구도 강요할 수 없다. 이것은 헌법이 보장하는 종교의 자유다.

그러나 무속이 축적해 온 의례, 음악, 춤, 서사, 세계관은 개인의 신앙을 넘어서는 가치를 가진다. 이것은 한국 문화의 일부다. 기록되고, 연구되고, 교육되고, 계승될 수 있다.

계승 불가능한 것과 가능한 것

❶ 계승 불가능한 영역: 개인 신앙

누군가 무속의 신을 믿는다. 굿을 통해 위안을 얻고, 무당의 신탁을 따라 살아간다. 이것은 개인의 선택이다. 국가가 이것을 장려할 수 없다. "무속을 믿으세요", "굿을 하세요"라고 권장할 수 없다. 종교의 자유를 침해하기 때문이다.

반대로 금지할 수도 없다. "무속을 믿지 마세요", "굿을 하지 마세요"라고 강요할 수 없다. 이것도 종교의 자유 침해다.

개인의 신앙은 보호받되, 정책적으로 장려되거나 금지될 수 없다.

❷ 계승 가능한 영역: 문화 자산

무가(巫歌)는 한국 전통 음악의 보고다. 무무(巫舞)는 한국 춤의 원형이다. 무신도(巫神圖)는 한국 미술의 한 장르다. 굿의 서사는 한국 문학의 자산이다.

이것들은 신을 믿지 않아도 배울 수 있다. 무가를 부르는 것이 무속을 믿는 것을 의미하지 않는다. 무무를 추는 것이 신령을 섬기는 것을 의미하지 않는다.

문화재로 지정할 수 있으며, 무형문화재 보유자를 인정할 수 있다. 교육 프로그램을 만들 수 있으며, 공연으로 재현할 수 있다.

이것은 종교의 자유를 침해하지 않는다. 문화를 보존하는 것이기 때문이다.

- **역사성**: 무속은 한국 역사와 함께 발전해 왔다. 삼국시대부터 기록이 있고, 고려·조선을 거쳐 형성되었으며, 현대까지 이어져 왔다. 이 역사적 연속성이 계승의 근거다.
- **공동체성**: 무속은 개인만의 것이 아니었다. 마을굿, 당굿은 공동체 전체의 행사였다. 공동체의 기억과 정체성이 담겨 있다. 이 집단적 유산은 보존할 가치가 있다.
- **기술성**: 무가를 부르는 기술, 무무를 추는 기술, 굿을 진행하는 절차는 학습 가능하고, 전수 가능하며, 재현 가능하다. 기술은 보존하고 전승할 수 있다.
- **재현 가능성**: 굿은 반복 가능하다. 같은 형식으로 다시 할 수 있다. 공연으로 재현할 수 있고, 교육으로 전달할 수 있으며, 기록으로 보존할 수 있다.

이 네 가지 조건을 충족하는 것은 문화로 계승 가능하다.

무속은 이미 문화재로 인정받고 있다. 진도 씻김굿, 동해안 별신굿, 서울 새남굿 등이 국가무형문화재로 지정되어 있다.

무속이 문화적 가치를 가진다는 것은 이미 사회적으로 인정되었다. 문제는 어떻게 더 체계적으로 보존하고, 더 효과적으로 계승하며, 더 공정하게 지원할 것인가다.

계승이 어려운 이유

무속의 문화적 가치는 인정받았다. 그런데 왜 계승이 어려운 것일까?

첫 번째 장애물: 미신 프레임

무속은 여전히 '미신'이라는 낙인을 벗지 못했다. 문화재로 지정되어도, 학술적으로 연구되어도 많은 사람들은 여전히 무속을 미신으로 본다.

"무당은 사기꾼 아닌가요?", "굿은 시간 낭비 아닌가요?", "무속은 미개한 것 아닌가요?"와 같은 편견이 계승을 어렵게 만든다. 젊은 세대가 배우기를 꺼린다. 부끄럽고 창피하며 시대에 뒤떨어진 것으로 여긴다.

미신 프레임은 무속 계승의 가장 큰 장애물이다. 이 프레임을 깨야 한다. 어떻게? 무속이 미신이 아니라 문화임을 보여주어야 한다. 학술 연구, 문화재 지정, 공공 행사, 교육 프로그램 등을 통해 인식을 바꿔야 하다.

두 번째 장애물: 상업화 문제

무속은 돈과 연결되어 있다. 점을 보면 돈을 내고, 굿을 하면 비용을 지불한다. 이것 자체는 문제가 아니다. 모든 전문 활동은 대가를 받는다.

문제는 과도한 상업화다. 일부 무속인들이 돈에 눈이 멀어 사람들을 착취한다. 불필요한 굿을 권유하고, 과도한 비용을 요구하며, 공포로 협박한다.

"이걸 안 하면 큰일 납니다. 비용이 좀 들어도 해야 합니다", "집을 팔아서라도 하세요. 안 하면 더 큰 손해입니다"라는 행위가 무속 전체의 이미지를 망친다. 진심으로 돕고자 하는 무속인도, 문화적 가치를 가진 의례도 모두 돈벌이로 인식된다.

상업화된 무속은 문화가 아니라 장사다. 장사는 보호받을 수 없다. 상업화 문제를 해결하려면 윤리가 필요하다. 앞 장에서 다룬 무속 윤리 5대 원칙을 지켜야 한다. 금전 투명성, 비강요, 책임 명확성 등 이런 원칙들이 상업화를 막는다.

세 번째 장애물: 윤리 기준 부재

무속에는 통일된 윤리 기준이 없다. 조직이 없고, 자격증이 없으며, 관리 체계가 없다. 누구든 "나는 무당이다"이라고 할 수 있다. 이것은 자유의 영역이다. 그러나 동시에 문제다. 나쁜 무속인을 걸러낼 방법이 없다. 사이비와 진짜를 구분하기 어렵다.

제도 종교에는 자정 장치가 있다. 목사가 문제를 일으키면 교단에서 제명한다. 스님이 계율을 어기면 승적을 박탈한다. 불완전하지만 최소한의 관리는 된다.

무속에는 이런 장치가 없다. 무속인 협회나 단체가 있지만 강제력이 없다. 권고는 할 수 있어도 처벌은 할 수 없다.

윤리 기준이 없으면 나쁜 무속인이 좋은 무속인을 몰아낸다. 악화가 양화를 구축한다. 사람들은 나쁜 무속인을 경험하고 무속 전체를 불신하게 된다. 좋은 무속인들은 피해를 입는다. 우리는 다르다고 말해도 믿어주지 않는다.

윤리 기준을 확립해야 한다. 법적 강제는 어렵지만, 내부 자율 규제, 교육, 인증 제도는 가능하다. 이것을 만들어야 한다.

네 번째 장애물: 세대 단절

무속은 구전으로 전승된다. 스승이 제자에게 직접 가르치고, 몸으로 익히며, 오랜 시간 훈련한다. 그런데 배우려는 사람이 줄어들고 있다. 젊은 세대가 무속에 관심이 없다. 왜?

첫째, 경제적 불안정이다. 무속인으로 생계를 유지하기 어렵다. 수입이 불규칙하고, 사회 보장이 없으며, 노후 대비가 안 된다.

둘째, 사회적 편견이다. 무속인이라고 하면 창피하다. 친구들에게 말하기 어렵고, 가족이 반대하며, 결혼도 어렵다.

셋째, 긴 수련 기간이다. 무가를 배우고, 춤을 익히고, 의례를 숙달하는 데 수십 년이 걸린다. 빠른 성과를 원하는 현대 젊은이들에게 매력적이지 않다.

넷째, 디지털 시대와의 부조화이다. 무속은 현장 중심이다. 직접 만나 눈으로 보고 분위기를 느껴야 한다. 온라인으로 대체하기 어렵다.

이런 이유들로 세대 단절이 일어나고 있다. 노년의 무속인들이 죽으면 그들의 지식과 기술도 함께 사라진다.

세대 단절은 무속의 가장 큰 위기다. 20년 후 한국 무속은 박물관에만 남을 수 있다.

문화 무속 모델로서의 정책 제안

신앙 활동 vs 문화 활동

국가는 특정 신앙을 지원할 수 없다. 헌법이 금지한다. "무속을 믿으세요"라고 장려하거나, 개인의 굿 비용을 지원하거나, 무당에게 급여를 주는 것은 불가능하다.

그러나 문화 활동은 지원할 수 있다. 무형문화재 보존, 전통 예술 교육, 공동체 문화 행사 보조 등은 신앙 지원이 아니라 문화 지원이다.

핵심은 구분이다. 무엇이 신앙이고, 무엇이 문화인가? 이 구분이 명확하면 정책이 가능하다.

신앙 활동(지원 불가)	문화 활동(지원 가능)
• 개인 점술 행위 • 영업적 굿(개인이 돈 내고 무속인에게 의뢰하는 굿) • 특정 신령 숭배 장려 • 신앙 포교 활동 • 개인 무속인의 영업 활동 지원	• 무형문화재 전승 교육 • 전통 의례의 학술 연구 • 공공 추모·회복 프로그램에서의 의례 활용 • 무가·무무의 공연 예술화 • 마을 공동체 문화 행사로서의 굿 • 무속 관련 박물관·전시 • 무속 음악·춤의 교육 프로그램

정책 제안 1: 문화재 확대 지정

현재 일부 굿만 문화재로 지정되어 있다. 더 많은 지역, 더 다양한 유형의 무속을 조사하고 지정해야 한다. 국가무형문화재로 지정된 무속은 진도 씻김굿, 동해안 별신굿, 서울 새남굿, 제주 칠머리당 영등굿 등 극히 일부다. 그러나 한국 무속은 훨씬 다양하다.

각 지역마다 고유한 굿이 있다. 황해도와 평안도의 만신굿, 전라도의 씻김굿, 경상도의 오구굿, 충청도의 대동굿 등 이것들이 모두 조사되고 기록되어야 한다.

또한 개별 무속인의 기능도 인정해야 한다. 뛰어난 무가 창자, 명인급 무무 춤꾼, 의례 전승자를 무형문화재 보유자로 인정하고 지원해야 한다.

이를 구체적으로 제안해 보면 다음과 같다.

- 전국 무속 실태 조사(5년 주기)
- 지역별 고유 굿 발굴 및 기록
- 무형문화재 지정 확대(현재 10여 종목 → 목표 50종목)
- 무형문화재 보유자 인정 확대
- 전수 교육 지원 강화

정책 제안 2: 공공 영역에서의 의례 활용

재난 후 추모, 공동체 회복 프로그램에 무속 의례를 활용할 수 있다. 단 신앙 강요 없이 문화 프로그램으로 활용한다.

세월호나 이태원 참사 같은 재난이 일어났다. 국가는 공식 추모식을 연다. 그러나 공식 추모식만으로는 부족하다. 유족과 생존자의 깊은 슬픔, 트라우마, 한(恨)을 다 담아내지 못한다.

무속 의례는 이 영역을 다룰 수 있다. 씻김굿, 천도굿은 슬픔을 표현하고, 감정을 정화하며, 공동체를 회복시키는 기능이 있다. 공공 영역에서 이것을 활용할 수 있다. 어떻게?

- 유족·생존자 대상 선택적 프로그램으로 제공(강요 금지)
- '치유 프로그램', '추모 의례'로 명명(종교 용어 회피)
- 참여는 전적으로 자발적
- 무속인을 '전통 의례 전문가'로 소개
- 신앙 포교 금지, 순수 의례 제공
- 비용은 공공 예산 지원

이렇게 하면 종교의 자유를 침해하지 않으면서 무속의 치유 기능을 활용할 수 있다.

일부 지자체는 이미 이것을 하고 있다. 지역 축제에서 굿을 공연으로 재현하고, 마을 화합 행사로 당굿을 부활시키며, 추모 행사에 무속 의례를 포함시킨다.

이것은 성공적이다. 사람들은 신앙으로 받아들이지 않아도 문화로 향유한다. 공연을 보고 감동을 받으며 한국 문화를 느낀다.

정책 제안 3: 윤리 기준을 전제로 한 지원

정책 지원은 윤리 기준을 충족하는 활동에만 제공되어야 한다.

모든 무속 활동을 지원할 수는 없다. 지원에는 기준이 필요하다. 그 기준이 윤리다.

지원 조건은 다음과 같이 설정할 수 있다.

- 무속 윤리 5대 원칙 준수(비강요, 자립 존중, 금전 투명성, 책임 명확성, 외부 연계 존중)
- 사이비 판별 체크리스트 통과
- 공포 조장, 착취, 통제 행위 없음
- 개인 점술·영업 배제(문화 활동만 지원)
- 공공성·투명성 확보

이 조건을 충족하는 무속 활동에 대해서만 아래와 같이 지원한다.

- 무형문화재 전승 지원
- 공공 공연·행사 참여 수당 지원
- 교육 프로그램 강사료 지원
- 연구·기록 사업 지원
- 공간·장비 지원

이렇게 하면 윤리적 무속은 장려되고, 비윤리적 무속은 자연스럽게 도태된다.

정책 제안 4: 개인 점술·영업 배제

개인 점술·영업은 정책 지원 대상이 아니다. 무당이 개인적으로 점을 보고, 개인 굿을 하는 것은 신앙의 자유다. 금지할 수 없다. 그러나 지원할 수도 없다. 왜냐하면 이것은 신앙 활동이자 영업 활동이기 때문이다. 국가는 특정 신앙을 지원할 수 없고, 특정 개인의 영업을 지원할 수도 없다.

지원 대상은 문화 활동이다. 공공성이 있고, 교육적 가치가 있으며, 문화재적 의미가 있는 활동만 지원한다. 이 구분이 지켜져야 정교분리 원칙을 위배하지 않는다.

지원 불가	지원 가능
• 개인 점술(타로, 사주, 점괘) • 개인 의뢰 영업 굿 • 특정 무속인의 신도 모집 활동	• 무형문화재 지정 굿의 전승 교육 • 공공 행사에서의 굿 재현 • 학술 연구용 굿 시연 • 전통 의례의 공연 예술화

무속 문화 평가 지표안

무속 활동에 공공 지원을 하려면 평가 기준이 필요하다. 무엇을 기준으로 지원할 것인가? 어떤 활동이 가치 있고, 어떤 활동이 그렇지 않은가?

다음과 같이 평가 지표를 제안한다.

평가 영역 1: 심리·정서 안정 기여도

평가 기준	측정 방법	배점
• 참여자의 불안·스트레스 감소 • 감정 표출 및 카타르시스 제공 • 의미 부여 및 이해 촉진 • 심리적 안정감 회복	• 참여자 사전/사후 설문 　(불안 척도, 만족도) • 심리 전문가 관찰 평가 • 장기 추적 조사 　(3개월, 6개월 후)	20점

평가 영역 2: 공동체 회복·결속 효과

평가 기준	측정 방법	배점
• 참여자 간 연대감 형성 • 고립감 감소 • 지역 정체성 강화 • 사회적 지지망 구축	• 공동체 결속도 설문 • 참여율 및 재참여율 • 지역 주민 만족도 조사 • 사회적 네트워크 분석	20점

평가 영역 3: 문화유산 보존·전승 기여도

평가 기준	측정 방법	배점
• 원형 보존도 　(전통 형식 유지) • 기록 및 아카이빙 • 전승 교육 실적 • 학술 연구 가치	• 전문가 평가 　(민속학자, 음악학자) • 원형 대비 변형도 분석 • 전수자 수 및 교육 시간 • 논문·자료 생산량	20점

평가 영역 4: 윤리성·공공성(필수)

평가 기준	측정 방법	배점
• 무속 윤리 5대 원칙 준수 • 사이비 행위 없음 • 공포 조장·착취 없음 • 투명한 운영	• 사이비 판별 체크리스트 적용 • 참여자 불만 조사 • 금전 관련 분쟁 유무 • 윤리 위반 신고 건수	20점 필수 통과 조건(불합격 시 전체 탈락)
윤리성·공공성은 필수 조건이다. 이 것을 통과하지 못하면 다른 점수가 아무리 높아도 지원 대상이 될 수 없다.	불합격 기준(하나라도 해당하면 탈락) • 사이비 체크리스트 6개 이상 해당 • 윤리 원칙 2개 이상 위반 • 공포 조장·착취 사례 1건 이상 • 금전 관련 법적 분쟁 진행 중	

평가 영역 5: 정책 보완 기능

평가 기준	측정 방법	배점
• 공공 정책이 다루지 못하는 영역 보완 • 제도적 안전망의 사각지대 대응 • 창의적·실험적 접근	• 정책 연계 사례 분석 • 타 기관과의 협력 실적 • 새로운 시도의 혁신성 평가	20점

종합 평가 및 등급

총점: 100점(윤리성 필수 통과 후)

- S등급 (80점 이상): 최우선 지원, 3년간 안정적 지원 보장
- A등급 (70~79점): 우선 지원, 2년간 지원
- B등급 (60~69점): 일반 지원, 1년간 지원
- C등급 (50~59점): 조건부 지원, 개선 후 재평가
- D등급 (50점 미만): 지원 제외

※ 재평가 주기: 2년

평가 지표의 특징

첫째, 윤리를 필수 조건으로 삼는다. 다른 영역이 아무리 우수해도 윤리를 통과하지 못하면 지원받을 수 없다. 이것은 타협 불가능한 기준이다.

둘째, 다층적 가치를 인정한다. 심리 치유, 공동체 결속, 문화 보존, 정책 보완 등 무속의 여러 가치를 골고루 평가한다. 한 가지만 잘해서는 안 되고, 여러 가지를 균형 있게 해야 한다.

셋째, 측정 가능하도록 설계한다. 주관적 평가만으로는 부족하다. 설문, 통계, 전문가 평가를 병행한다. 수치화하고, 비교하고, 추적 조사한다.

넷째, 개선 가능성을 열어둔다. 한 번 탈락했다고 영원히 배제하지 않는다. 문제점을 개선하면 재평가 기회를 준다. 윤리 교육을 받고 운영 방식을 바꾸면 다시 지원받을 수 있다.

무속을 전통문화로 만드는 조건은 명확하다. 신앙과 문화를 분리하고, 윤리를 확립하며, 공공성을 확보하는 것이다.

이 장에서 살펴본 무속을 전통문화로 만드는 조건을 핵심적인 문장으로 정리하면 다음과 같다.

- 무속의 계승 가능한 요소는 역사성, 공동체성, 기술성, 재현 가능성을 가진 것들이다. 의례, 음악, 춤, 서사 등은 신을 믿지 않아도 배우고 전승할 수 있다.
- 계승이 어려운 이유는 미신 프레임, 상업화 문제, 윤리 기준 부재, 세대 단절이다. 이 장애물들을 극복해야 한다.
- 무속 문화 평가 지표는 5개 영역으로 구성된다. 심리·정서 안정, 공동체 회복, 문화유산 보존, 윤리성·공공성(필수), 정책 보완. 윤리성·공공성을 통과하지 못하면 지원받을 수 없다.
- 신앙은 개인의 자유로 보호하고, 문화는 사회의 자산으로 계승한다. 윤리성과 공공성을 갖춘 무속만이 정책 지원을 받을 수 있다.
- 무속은 신앙으로 강요될 수 없지만, 전통문화로는 계승되어야 한다. 이것이 무속의 미래다.

다음 장에서는 세계가 무속을 어떻게 다루는지 살펴볼 것이다. 일본과 몽골의 사례를 비교하고, 한국적 해법을 모색하자.

8장

세계는 무속을 어떻게 다루는가
_ 일본·몽골 사례와 한국적 해법

일본, 비종교화 전략

신토(神道)의 변신

일본의 신토는 한국의 무속과 유사한 점이 많다. 자연과 조상을 숭배하고, 다신교적이며, 경전과 교리가 명확하지 않다. 제도화되기 전의 신토는 민간 신앙에 가까웠다.

그런데 현대 일본에서 신토는 어떤 위치에 있는가? 종교인가, 문화인가?

일본은 신토를 종교가 아니라 '전통·관습·문화'로 처리하면서 의도적으로 비종교화했다. 왜? 헌법상 정교분리 원칙을 지키기 위해서다.

일본 헌법 제20조는 종교의 자유를 보장하고, 국가의 종교 활동을 금지한다. 국가가 특정 종교를 지원하거나 장려할 수 없다.

그런데 신토는 일본 문화의 핵심이다. 천황제와 연결되어 있고, 국가 정체성의 상징이며, 전통의 뿌리다. 이것을 어떻게 다룰 것인가?

일본의 해법은 "신토는 종교가 아니다"였다.

신사는 관광, 제례는 축제

일본은 신사를 관광지로, 제례를 축제로, 부적을 디자인 상품으로 전환했다. 일본 전역에 8만 개가 넘는 신사가 있다. 메이지 신궁, 후시미 이나리 신사 등은 어떻게 인식되는가?

종교 시설이 아니라 관광지다. 일본인들도, 외국 관광객들도 신사를 방문한다. 그러나 신을 믿기 위해서가 아니라 문화를 경험하기 위해서다.

신사에서 무엇을 하는가? 사진을 찍고, 정원을 산책하며, 건축을 감상한다. 돈을 던지고 손뼉 치고 절하는 것도 하지만 이것은 '체험 활동'이다. 종교 의식이 아니라 문화 체험이다.

일본 각지에서 마쓰리가 열린다. 원래 마쓰리는 신에게 제사 지내는 종교 의식이었다. 그런데 현대의 마쓰리는 지역 축제이자 관광 상품이다. 미코시(신이 탄 가마)를 메고, 유카타를 입고, 음식을 먹고, 불꽃놀이를 본다. 재미있고 흥겨우며, 사진으로 기록하기에도 좋은 행사다.

종교적 의미? 대부분의 참여자는 신경 쓰지 않는다. 그냥 즐긴다. 전통문화를 경험하고, 지역 정체성을 느끼며, 공동체와 함께한다.

신사에서 파는 부적인 오마모리는 원래 신의 가호를 받기 위한 종교적 물건이었다. 그런데 현대의 오마모리는? 예쁜 기념품이다. 다양한 디자인, 귀여운 색상, 특정 목적(합격, 연애, 안전)에 맞춘 제품을 사람들은 수집하고, 선물하고, 가방에 달고 다닌다.

믿어서 사는가? 꼭 그렇지 않다. 예쁘니까, 기념이니까, 재미있으니까 산다. 일종의 굿즈(goods)다.

신토의 장점

신토는 대중 접근성이 높고, 종교 갈등이 없으며, 관광·문화 산업으로 경제적 가치를 창출한다.

신토가 종교가 아니니 누구나 참여할 수 있다. 불교 신자도, 기독교인도, 무신론자도 신사에 간다. 종교적 부담이 없다.

일본인 대다수가 "나는 무종교다"라고 말하면서도 새해에는 신사에 가고(하츠모데), 결혼식은 신사에서 하고, 아이가 태어나면 오미야마이리(신사 참배)를 한다. 모순? 아니다. 이것은 종교가 아니라 관습이니까.

신토를 종교로 규정하면 문제가 생긴다. 불교, 기독교와 경쟁하고, 정교분리 원칙에 위배되며, 야스쿠니 신사 같은 정치적 논란이 커진다.

그러나 신토를 문화·전통으로 규정하면 갈등이 줄어든다. "이것은 종교가 아니라 우리 문화입니다"라고 하기 때문에 반대하기 어렵다.

신사 관광은 거대한 산업이다. 외국 관광객이 일본에 와서 반드시 하는 것이 있다. 바로 신사 방문. 도리이(鳥居) 앞에서 사진 찍고, 오마모리 사고, 에마(絵馬, 소원 나무판)에 소원 쓰는 것이다.

지역 마쓰리도 관광 상품이다. 교토의 기온 마쓰리, 오사카의 텐진 마쓰리에는 수십만 명이 방문하고, 지역 경제에 기여한다.

신토의 한계

신토의 영적 의미가 희석되고, 형식만 남으며, 본질적 종교성이 사라진다. 신토가 '체험 활동'이 되면서 신성함이 사라졌다. 신사는 테마파크처럼 느껴지고, 마쓰리는 놀이 행사가 되며, 오마모리는 장난감 같다.

진지하게 신을 섬기는 사람이 얼마나 되는가? 신사에서 깊이 기도하는 사람, 경건하게 의례에 참여하는 사람은 소수다. 대부분은 가볍게 재미로 스쳐 지나간다.

형식은 화려하게 남았다. 아름다운 신사 건축, 정교한 의례 절차, 전통 의상과 음악. 그러나 그 안에 무엇이 있는가? 비어 있다. 의미가 없다. 왜 하는지, 무엇을 위한 것인지 모른다. 그냥 전통이니까, 예쁘니까, 관광객이 좋아하니까 한다. 신토는 껍데기만 남고 알맹이는 비었다.

신토를 문화 상품으로 포장하는 것은 성공했다. 그러나 이것이 정말 신토인가? 원래의 신토가 이런 것이었는가?

일부 신토 신자들은 "신토는 종교다. 신성한 것이다. 관광 상품이 아니다"라며 불만을 표현한다. 그러나 이들의 목소리는 작다. 대세는 이미 비종교화 쪽으로 기울었다.

한국 무속에 주는 시사점

일본 모델은 한국 무속에 무엇을 말하는가? 완전한 비종교화는 갈등을 줄인다. 무속을 문화·예술·관습으로만 다루면 종교 논쟁을 피할 수 있다. 대중 접근성도 높아진다. 무속 공연, 무속 체험 프로그램, 무속 굿즈와 같은 방식으로 무속을 대중화하고 경제적 가치를 창출할 수 있다.

그러나 무속의 핵심을 잃을 위험이 있다. 무속은 단순한 공연이 아니다. 무속은 한(恨)을 다루고, 죽음을 정리하며, 트라우마를 치유한다. 이 깊이를 상실하면 무속은 빈 껍데기가 된다.

일본의 완전 탈종교화 모델은 접근성을 높이지만, 무속의 본질을 잃을 위험이 크다. 한국 무속은 일본처럼 완전히 비종교화되어서는 안 된다. 영적 깊이, 치유 기능, 본질적 의미를 유지해야 한다.

몽골, 살아 있는 신앙의 공적 인정

샤머니즘의 부활

몽골의 샤머니즘은 한국 무속과 매우 유사하다. 샤먼이 신령과 소통하고, 의례를 통해 치유하며, 공동체를 돕는다.

20세기 초반, 몽골이 사회주의 국가가 되면서 샤머니즘은 탄압받았다. 미신으로 규정되고, 샤먼들은 박해받았으며, 의례는 금지되었다. 1990년대 민주화 이후 샤머니즘은 부활했다. 그리고 국가는 이것을 어떻게 다루었는가?

몽골은 샤머니즘을 민족 정체성의 뿌리로 공식 인정했다. 국가가 보호하되, 종교의 자유도 보장하는 이중 전략을 택했다.

국가 차원의 공식 인정

몽골 정부는 샤머니즘을 몽골 민족의 정체성으로 공식 인정했다. 샤머니즘은 몽골 역사의 뿌리이고, 문화의 원천이며, 정신적 유산이다.

칭기즈 칸도 샤먼의 도움을 받았다고 전해진다. 몽골 제국 시절 샤머니즘은 국가의 정신적 기반이었다. 이 역사적 연속성을 강조한다.

몽골 정부는 샤머니즘을 보호한다. 어떻게? 첫째, 샤먼 협회를 공식 인정한다. 샤먼들이 조직을 만들어 등록하고 활동할 수 있도록 허용한다.

둘째, 중요 의례를 국가 행사에 포함시킨다. 국가 기념일이나 중요 행사에서 샤먼이 의례를 수행한다.

셋째, 샤먼의 사회적 지위를 회복시켰다. 과거의 탄압과 박해를 사과하고, 샤먼을 존중받는 직업으로 인정한다.

몽골에서 샤먼은 미신쟁이가 아니라 전통 지식의 보유자, 민족 문화의 계승자로 존중받는다.

관람 가능 의례의 분리 운영

몽골의 독특한 점은 의례를 두 가지로 구분한다는 것이다. 관람 가능한 공개 의례와 신도 전용 의례를 분리 운영한다.

공개 의례(관광·문화)는 관광객이나 일반인이 볼 수 있다. 공개 공연, 문화 행사, 시범 의례에서 형식을 보여주되, 핵심적인 영적 활동은 하지 않는다. 예를 들어 관광객 대상 샤먼 공연에서는 의상을 입고 북을 치며 춤을 추지만, 실제로 영혼을 부르거나 치유를 하지는 않는다. 보여주기용이다.

신도 전용 의례(신앙 활동)의 진짜 샤머니즘 의례는 따로 있다. 신도들만, 혹은 의뢰인만 참여하는 비공개 의식에서 진정한 샤머니즘이 일어난다. 트랜스 상태에 들어가고, 영혼과 소통하며, 치유와 예언을 한다. 이것은 관광객에게 공개하지 않는다. 신성함을 지키기 위해서다.

이 분리 운영은 두 가지를 동시에 달성한다. 첫째, 샤머니즘을 문화 상품으로 활용한다. 관광객은 샤먼을 보고 경험하며 만족한다. 경제적 가치가 창출된다. 둘째, 샤머니즘의 본질을 보존한다. 진짜 의례는 신성하게 유지된다. 관광화되지 않고, 깊이를 잃지 않는다.

몽골 샤머니즘의 장점

샤머니즘이 진짜로 살아 있고, 샤먼의 사회적 지위가 회복되었으며, 신앙과 문화를 동시에 보존한다.

몽골의 샤머니즘은 '진짜'다. 형식만 남은 것이 아니라 실제로 작동한다. 사람들이 믿고, 샤먼을 찾아가며, 의례를 통해 위안을 얻는다. 일본의 신토가 관광 상품이 되었다면, 몽골의 샤머니즘은 여전히 신앙이다.

몽골에서 샤먼은 존경받는다. 지혜로운 사람, 영적 능력을 가진 사람, 공동체를 돕는 사람으로 인식된다.

젊은이들이 샤먼이 되는 것을 부끄러워하지 않는다. "나는 우리 민족의 전통을 이어가는 사람이다"라며 오히려 자랑스럽게 여긴다.

또한 신앙으로서의 샤머니즘과 문화로서의 샤머니즘을 동시에 보존한다. 믿는 사람은 믿고, 구경하는 사람은 구경한다. 둘 다 가능하다.

몽골 샤머니즘의 한계

그러나 몽골 모델에도 한계가 있다. 외부인의 접근이 제한되고, 공개·비공개 의례의 경계를 관리하기 어려우며, 종교 갈등 가능성이 있다.

진짜 샤머니즘 의례는 외부인이 볼 수 없다. 관광객은 공개 공연만 본다. 깊이 있는 경험은 불가능하다. 신성함을 지키는 장점이지만, 동시에 일정한 한계를 드러낸다. 샤머니즘을 정말로 이해하고 싶은 연구자, 예술가, 외국인들은 벽에 부딪힌다.

공개 의례와 비공개 의례를 어떻게 구분하는가? 누가 결정하는가? 어디까지 보여주고, 어디부터 숨기는가?

명확한 기준이 없으면 혼란이 생긴다. 어떤 샤먼은 많이 공개하고, 어떤 샤먼은 거의 공개하지 않는다. 일관성이 없다.

또한 '가짜 샤먼'이 관광객을 대상으로 사기 칠 위험도 있다.

"진짜 의례를 보여준다"라며 비싼 돈을 받고 실제로는 쇼만 하는 경우가 있다.

몽골은 불교 국가이기도 하다. 샤머니즘과 불교가 공존하지만, 때때로 두 전통 사이에 긴장이 형성되기도 한다.

국가가 샤머니즘을 공식 인정하고 지원하면, 불교계에서 "왜 샤머니즘만 특별 대우하는가?"라는 불만이 나온다. 종교 간 형평성 문제가 제기될 수 있다.

한국 무속에 주는 시사점

몽골 모델은 한국 무속에 무엇을 말하는가? 신앙으로서의 무속을 존중하고, 무속인의 지위를 회복시키며, 진정성을 유지한다. 이러한 점은 충분히 참고할 만하다.

한국도 무속을 '민족 정신문화의 뿌리' 중 하나로 인정할 수 있다. 무속인을 '전통 지식 보유자'로 존중하고, 사회적 편견을 줄일 수 있다.

그러나 종교의 공적 인정은 한국에서 어렵다. 헌법상 정교분리 원칙 때문이다. 국가가 특정 종교(무속)를 공식 지원하면 위헌 소지가 있다.

또한 한국은 다종교 사회다. 불교, 기독교, 천주교, 원불교 등 무속만 특별히 인정하고 지원하면 다른 종교들의 반발이 있을 것이다.

몽골의 신앙 공인 모델은 진정성을 유지하지만, 한국의 헌법과 다종교 사회 구조에는 맞지 않는다.

한국형 중간 모델

한국은 어느 쪽을 선택해야 하는가? 한국은 일본의 완전 탈종교화도, 몽골의 신앙 공인도 아닌, 제3의 길이 필요하다.

일본처럼 완전히 비종교화하면 무속의 본질을 잃는다. 무속은 단순한 공연이나 관광 상품이 아니다. 무속은 한(恨)을 다루고, 트라우마를 치유하며, 죽음을 정리한다. 이 깊이를 포기할 수 없다.

몽골처럼 신앙을 공적으로 인정하고 지원하면 헌법 문제가 생긴다. 한국은 정교분리 원칙을 철저히 지켜야 한다. 또한 다종교 사회에서 형평성 논란이 일어난다.

제3의 길

첫째, 신앙과 문화를 분리한다.

- 누군가 무속을 믿는다. → 개인의 자유, 국가는 간섭하지 않음, 지원하지도 금지하지도 않음
- 무속의 의례·음악·춤·서사를 보존한다. → 문화 활동, 국가가 지원 가능, 무형문화재로 보호

이 분리가 핵심이다. 신앙의 자유는 보장하되, 정책 지원은 문화 영역에만 한다.

둘째, 무속인의 이중 정체성을 인정한다.

- 신앙인으로서 무속인: 신을 섬기고, 개인 굿을 하고, 영업 활동을 함 → 종교의 자유 영역, 국가 불개입
- 문화 전승자로서 무속인: 무형문화재 보유자, 전통 예술가,

교육자 → 문화 영역, 국가 지원 가능

같은 사람이지만 역할에 따라 다르게 취급한다.

셋째, 공공 영역에서는 문화로만 다룬다.

공공 행사, 정부 지원 프로그램, 학교 교육 등 공공 영역에서 무속을 다룰 때는 반드시 문화로 접근한다.

"이것은 한국 전통문화입니다", "이것은 무형문화재입니다", "이것은 우리 역사입니다"라고 하고, 절대로 "이것을 믿으세요", "이것이 진리입니다"라고 말하지 않는다.

구체적 적용 방안

❶ 무속인의 역할 분리

- 개인 영업 활동(점술, 개인 굿): 종교의 자유 영역, 국가 지원 없음, 윤리 위반 시 일반법으로 처벌(사기, 협박 등)
- 문화 전승 활동(무형문화재, 교육, 공연): 문화 영역, 국가 지원 가능, 윤리 기준 충족 필수

❷ 공공 프로그램 설계

- 재난 후 추모 프로그램에 무속 의례 활용: '치유 프로그램', '전통 추모 의례'로 명명, 참여는 전적으로 자발적, 신앙 강요 절대 금지, 무속인을 '전통 의례 전문가'로 소개, 종교 중립적 언어 사용

❸ 교육과 연구

- 대학의 무속 연구: 민속학·종교학·인류학의 연구 대상, 신앙 포교가 아닌 학술 연구, 객관적 분석과 기록

- 초중고 교육: '한국 전통문화' 과목에서 다룸, 역사적 사실과 문화적 의미 교육, 특정 신앙 옹호나 비판 없이 중립적 설명

❹ 무형문화재 지정과 지원

- 지정 대상: 의례의 절차와 형식, 무가(음악), 무무(춤), 제작 기술(의상, 도구)
- 지원 내용: 전승 교육비, 공연 및 시연 지원, 기록 및 아카이빙, 연구 지원
- 지원 조건: 윤리 기준 충족 필수, 공공성 확보, 투명한 운영

※ 일본·몽골과의 비교

요소	일본	몽골	한국(제안)
기본 방향	완전 탈종교화	신앙 공인	신앙/문화 분리
신앙성	거의 소멸	강하게 유지	개인 영역 존중
국가 지원	문화·관광으로	신앙 포함	문화만
접근성	매우 높음	제한적	중간(문화는 개방)
본질 보존	약함	강함	중간 (신앙 자유+문화 보존)
헌법 합치성	높음	낮음	높음

한국형 모델의 장점

첫째, 헌법과 충돌하지 않는다. 신앙의 자유를 보장하고, 정교 분리 원칙을 지킨다. 국가는 신앙을 지원하지 않고, 문화만 지원

한다.

둘째, 무속의 본질을 유지한다. 무속을 단순한 관광 상품으로 전락시키지 않는다. 신앙으로서의 무속은 개인 영역에서 살아 있고, 문화로서의 무속은 공공 영역에서 계승된다.

셋째, 다종교 사회에서 형평성을 유지한다. 특정 종교(무속)만 특별 대우하지 않는다. 모든 종교는 신앙의 자유로 보호받고, 문화적 가치가 있는 요소는 종교 구분 없이 문화재로 보호받는다.

넷째, 실현 가능성이 높다. 이미 일부 실행되고 있다. 진도 씻김굿, 동해안 별신굿 등은 무형문화재로 지정되어 지원받는다. 이 방식을 확대하면 된다.

일본과 몽골은 무속(샤머니즘)을 어떻게 다루었는지 정리해 보면, 먼저 일본은 완전 비종교화 전략을 택했다. 신토를 문화·관습으로 규정하고, 관광 상품으로 전환했다. 장점은 높은 접근성과 경제적 가치 창출이다. 한계는 영적 의미 상실과 형식만 남는 것이다.

몽골은 신앙 공인 전략을 택했다. 샤머니즘을 민족 정체성으로 인정하고, 국가가 보호한다. 장점은 진정성 유지와 샤먼 지위 회복이다. 한계는 접근성 제한과 종교 갈등 가능성이다.

그렇다면 우리나라는? 제3의 길이 필요하다. 신앙은 개인의 자유로 보호하고, 문화는 사회의 자산으로 계승한다. 일본의 비강요성과 몽골의 존중을 결합한 이중 설계다.

무속을 믿을 것인가는 개인이 결정한다. 그러나 무속을 문화로 보존하고 계승하는 것은 사회의 책임이다. 이 두 가지를 분리하면서도 조화시키는 것이 한국형 모델이다.

다음 장에서는 K-무속의 글로벌 콘텐츠화 전략을 다룰 것이다. 무속을 세계에 어떻게 소개하고, 어떻게 콘텐츠화하며, 어떤 조건에서 성공할 수 있는지 탐구할 것이다.

9장

K-무속, 세계로 가는 길
_ 글로벌 콘텐츠화 전략

수출 가능한 무속의 조건

"K-무속이 가능합니까?"

K-팝, K-드라마, K-영화가 세계를 강타하고 있다. 한국 문화 콘텐츠의 글로벌 경쟁력이 증명되었다. 그렇다면 무속도 가능한가? K-무속은?

대답하기 전에 먼저 질문을 명확히 해야 한다. 무속의 무엇을 수출하려는 것인가?

"Belief는 지역에, Structure는 세계로!"

신앙(Belief)은 보편화할 수 없다. 한국의 산신, 조상신, 성황신을 미국인이나 프랑스인이 믿게 만들 수는 없다. 그들에게는 자신들의 신앙이 있다.

구조(Structure)는 다르다. 무속의 의례 구조, 서사, 상징 체계, 미학은 번역 가능하다. 이해 가능하고 감동을 줄 수 있다.

K-무속이 성공하려면 신앙을 팔려 하지 말고 구조를 공유해야 한다.

무속의 무엇을 세계와 공유할 것인가

특정 신령 숭배, 한국 조상신 신앙, 점술·예언의 효험 주장, 특정 무속인에 대한 신도 모집 등 이것들은 종교 포교에 가깝다. 세계는 관심 없다. 억지로 밀어붙이면 거부감만 생긴다.

반면 의례의 구조와 미학, 한(恨)과 해원의 서사, 죽음과 상실을 다루는 방식, 음악과 춤, 시각적 상징 (무신도, 시왕도), 굿의 드라마틱한 구성 등은 보편성을 가진다. 누구나 죽음을 경험하고, 상실을 겪으며, 트라우마를 안고 산다. 이것을 다루는 한국적 방법이 무속이다. 이 방법을 공유하는 것이다.

무속을 세계에 소개할 때 종교 용어가 아니라 인문학적·예술적 언어로 번역해야 한다.

종교어로 접근하면 실패한다. "이것은 신을 섬기는 의식입니다", "이것은 사후세계로 가는 길입니다", "이것을 믿으면 복을 받습니다" 등은 거부감만 일으킨다.

반면 인문어·예술어로 접근하면 공감을 얻는다. "이것은 상실을 정리하는 의례입니다"라는 이해, "이것은 감정을 표현하는 퍼포먼스입니다"라는 관심 그리고 "이것은 공동체를 회복하는 문화입니다"라는 공감은 같은 내용이지만 언어가 다르면 반응이 완전히 달라진다.

5단계 글로벌화 전략

1단계: 개념 번역 – 종교어 회피

종교 용어를 피하고 인문학적·심리학적 언어로 재번역한다. 무속의 핵심 개념들을 어떻게 번역할 것인가?

❶ 한(恨)

잘못된 번역	올바른 번역
Resentment, Grudge 부정적이고, 복수심을 연상시킨다. 한의 복잡한 뉘앙스를 담지 못한다.	Unresolved emotional bond 풀리지 않은 감정적 유대

한은 단순한 원망이 아니다. 사랑과 그리움, 미련과 슬픔, 억울함과 애착이 뒤섞인 복합 감정이다. 이것을 'Unresolved emotional bond'로 표현하면 심리학적으로 이해 가능해진다. '죽은 사람과의 풀리지 않은 감정적 유대를 정리하는 의례'라고 하면 서양인도 이해한다. 그들도 상실 후 복잡한 감정을 경험하기 때문이다.

❷ 천도(薦度)

잘못된 번역	올바른 번역
Sending soul to sfterlife 종교적이고, 증명 불가능한 것처럼 들린다.	Ritualized closure 의례화된 종결

천도굿은 망자를 저승으로 보내는 것이지만, 심리학적으로 보면 유족이 관계를 정리하는 과정이다. 'Ritualized closure'라고 하면 심리치료의 '클로저(closure)' 개념과 연결된다. "의례를 통해 관계를 종결하고, 새로운 시작을 준비한다"라는 설명은 보편적이다.

❸ 굿

잘못된 번역	올바른 번역
Shaman ritual, Spirit ceremony 신비주의적이고, 미신처럼 들린다.	Narrative healing ceremony 서사적 치유 의례

굿은 이야기를 통해 치유한다. 망자의 이야기, 유족의 이야기, 공동체의 이야기를 의례 속에서 재구성한다. 'Narrative healing'은 현대 심리치료의 한 접근법이다. 이것과 굿의 이야기를 연결하면 이해가 쉽다.

❹ 무당

잘못된 번역	올바른 번역
Shaman, Witch Shaman은 괜찮지만 너무 일반적이고, Witch는 부정적 이미지가 있다.	Ritual Specialist, Traditional Healer 공식 문서나 공연에서는 Ritual Specialist(의례 전문가), 문화 설명에서는 Traditional Healer(전통 치유사)

이렇게 표현하면 전문성과 존중을 담을 수 있다.

2단계: 포맷 분리 – 실제 의례 vs 콘텐츠

실제 종교 의례와 문화 콘텐츠를 명확히 분리해야 한다.

❶ 하지 말아야 할 것

- 실제 굿을 그대로 촬영해서 방송 → 참여자의 동의, 신성성 침해, 윤리 문제
- 특정 무당을 스타로 만들기 → 종교 지도자를 연예인화하는 것은 위험
- "이렇게 하면 효험이 있다" 주장 → 종교 포교로 오해받음

❷ 해야 할 것

- 스토리 기반 드라마·웹툰 → 무속을 배경으로 한 이야기를 만든다. 실제 의례가 아니라 무속을 소재로 한 창작물, 예를 들어 무당이 주인공인 드라마, 저승사자와 무당의 협업을 다룬 웹툰, 열시왕 세계관을 배경으로 한 게임 등은 무속에서 영감을 받았지만, 실제 종교 의례가 아닌 창작물이다.
- 퍼포먼스 아트로 재해석 → 굿의 구조를 빌려오되, 현대 무용이나 연극 등으로 재창조한다. 예를 들어 무무(巫舞)를 현대 무용으로 재해석한 공연, 굿의 4단계 구조(청신-오신-해원-송신)를 연극 구조로 활용한다. 무가를 현대 음악과 결합한 퓨전 공연 등은 '무속에서 영감을 받은 예술'이지, 무속 그 자체가 아니다.
- 전시·뮤지엄 → 무신도, 시왕도, 의례 도구를 전시한다. 디지털 아카이빙으로 보존하고 공개한다. 예를 들어 'Korean Shamanism: Ritual and Art' 전시, VR로 재현한 굿의 공간,

인터랙티브 전시(방문자가 열시왕 여정 체험) 등은 교육이고 문화 체험이다. 종교 활동이 아니다.

3단계: 글로벌 코드 연결

무속을 완전히 낯선 것으로 제시하지 말고, 글로벌하게 공감 가능한 보편 코드와 연결한다. 세계인이 이미 알고 있는 것, 공감하는 것과 연결해야 이해가 빠르다.

❶ Healing Narrative(치유 서사)

전 세계적으로 트라우마, 상실, 애도에 대한 관심이 높다. 심리 치료, 그리프 케어(grief care), PTSD 치료는 글로벌 이슈로 떠오르고 있다. 무속의 해원·천도는 바로 이것을 다룬다. "한국은 수백 년 전부터 이런 방식으로 트라우마를 다루었다"라고 소개하면 관심을 끌 수 있다.

❷ Ancestor Culture(조상 문화)

조상을 기리는 문화는 동아시아만의 것이 아니다. 멕시코의 죽은 자의 날(Día de Muertos), 아프리카의 조상 숭배, 유럽의 만성절(All Saints' Day) 등 많은 문화가 조상과의 연결을 중시한다. 한국 무속의 조상신 개념은 이런 맥락에서 소개하면 낯설지 않다.

❸ Ritual Aesthetics(의례 미학)

화려한 의상, 역동적인 춤, 강렬한 음악의 시각적·청각적 요소는 보편적으로 매력적이다. 발리의 케착 춤, 인도의 카타칼리, 일본의 노(能). 세계인은 이런 전통 공연을 사랑한다. 한국 무속도 같은 맥락에서 제시할 수 있다.

❹ Death & Afterlife(죽음과 사후)

죽음 이후 어떻게 되는가는 인류의 보편적 질문이다. 기독교의 천국과 지옥, 불교의 윤회, 이집트의 사후 심판 등 모든 문화가 나름의 답을 가지고 있다. 한국 무속의 열시왕 체계는 바로 이 질문에 대한 한국적 답이다. "한국은 이렇게 상상했습니다"라고 소개하면 흥미를 끌 수 있다.

무속을 '이상한 한국의 것'이 아니라 '인류 보편 질문에 대한 한국적 답'으로 제시한다.

4단계: 종교 중립 장치(필수)

글로벌 콘텐츠로 내보낼 때 종교 중립성을 반드시 확보해야 한다.

❶ 필수 디스클레이머(Disclaimer)

모든 무속 관련 콘텐츠에는 반드시 이런 문구가 들어가야 한다.

"This content is a cultural and artistic interpretation of Korean shamanic traditions. No spiritual efficacy is claimed."("이 콘텐츠는 한국 무속 전통의 문화적·예술적 해석입니다. 영적 효험을 주장하지 않습니다.")

종교 중립 장치 없이 무속을 콘텐츠화하면 종교 포교로 오해받거나 문화 도용(cultural appropriation) 비판을 받을 수 있다.

❷ 구조적 분리

실제 무속인이 콘텐츠에 직접 등장해서는 안 된다. 무속인은 자문 역할만 하고, 배우나 퍼포머가 연기·공연한다. 왜 이렇게 해야 하는가?

만약 실제 무당이 드라마나 공연에 나와서 굿을 하면 그것은 종교 활동처럼 보인다. 그러면 종교 중립성이 깨진다.

대신 무속인은 뒤에서 자문(고증, 지도)하고, 배우가 무당 역할을 연기하며, 무용수가 무무를 재해석해서 공연해야 한다. 이렇게 하면 "이것은 예술이지, 종교 의식이 아니다"라는 선이 명확해진다.

5단계: 시장별 타깃팅

글로벌 시장을 하나로 보지 말고 지역별로 다른 전략을 써야 한다.

❶ 북미·유럽 시장

- 특징: 심리학·치유·트라우마에 관심 높음
- 접근법: 'Psychology + Narrative' 중심
- 메시지: 한국의 전통적 트라우마 치유 방법, 의례를 통한 그리프 케어(grief care), 공동체 기반 회복 프로그램
- 콘텐츠 형태
  - 다큐멘터리: Healing Through Ritual: Korean Shamanism
  - 심리 에세이: The Psychology of Han: Korean Approach to Unresolved Grief

- 워크숍: Ritualized Closure _ Learning from Korean Traditions

❷ 동아시아 시장(일본, 중국, 대만)

- 특징: 조상 숭배, 사후세계 개념 공유, 유사 문화권
- 접근법: '비교 문화' 중심
- 메시지: 같지만 다른 동아시아의 사후관, 한·중·일 조상 의례 비교, 동아시아 샤머니즘의 다양성
- 콘텐츠 형태
  - 비교 전시: Ancestors Across Borders
  - 학술 심포지엄
  - 문화 다큐멘터리

❸ 글로벌 MZ세대

- 특징: 게임, 웹툰, 캐릭터 소비
- 접근법: '세계관 기반 콘텐츠' 중심
- 메시지: 열시왕 세계관 = 새로운 판타지, 한국형 저승 = 독특한 설정, 무속 미학 = 비주얼 콘텐츠
- 콘텐츠 형태
  - 모바일 게임: Ten Kings Journey
  - 웹툰: The Last Shaman
  - 캐릭터 굿즈: 열시왕 피규어, 무신도 디자인 상품

브랜드 포지셔닝

잘못된 브랜딩 vs 올바른 브랜딩

'Mystic Korea(신비로운 한국)'

왜 나쁜가? 'Mystic'은 신비주의, 비합리성, 미신을 연상시킨다. 이것은 무속을 오히려 후진적이고 이상한 것으로 만든다. Mystic이라는 단어는 '증명 불가능한 것', '비과학적인 것'이라는 뉘앙스가 있다. 이것은 무속을 현대적으로 재해석하려는 노력과 정반대다.

또한 'Mystic Korea'는 한국 전체를 신비주의로 규정한다. 이것은 현대 한국의 이미지(기술 강국, K-팝, 첨단 문화)와 충돌한다.

'Ritualized Storytelling from Korea(한국의 의례화된 스토리텔링)'

왜 좋은가? 이 브랜딩은 무속을 서사·의례·문화로 규정한다. 신비주의가 아니라 인문학적 가치를 강조한다.

'Ritualized Storytelling'은 인문학적(신비주의 아님)이고, 보편적(모든 문화에 의례와 이야기가 있음)이며, 현대적(스토리텔링은 현대 문화 산업의 핵심)이고, 존중적(진지한 문화 전통으로 대우)이다.

부가적으로 "Korea has preserved unique ways of processing grief and loss through ritual storytelling", "Discover Korean traditions of healing narratives", "Experience the art of ritualized emotional expression" 이런 설명은 깊이와 존중을 담으면서도 접근 가능하다.

성공 조건과 함정

성공하는 K-무속의 조건

조건 1: 신앙을 강요하지 않는다

'이것을 믿으라'가 아니라 '이것을 이해하라'이다. 세계인에게 한국의 신을 믿으라고 할 수 없다. 대신 한국이 어떻게 죽음과 상실, 트라우마를 다루었는지 보여준다. 이해를 구하고 공감을 얻는다.

조건 2: 윤리적이다

글로벌 콘텐츠로 나갈 때 윤리 문제에 더욱 민감해야 한다. 문화 도용 비판 피하기, 종교 모독 논란 피하기, 상업화와 과도화를 피해야 한다. 무속을 존중하면서 콘텐츠화한다. 조롱하거나, 희화화하거나, 과도하게 상품화하지 않는다.

조건 3: 깊이가 있다

피상적인 비주얼만 빌려오면 실패한다.

- 나쁜 예: 무당 의상만 입고 춤추는 K-팝 뮤직비디오(맥락 없음, 소비만 함)
- 좋은 예: 해원의 서사를 진지하게 다룬 영화(깊이 있음, 존중함)

조건 4: 협력한다

무속 전문가, 학자, 무속인과 협력한다. 혼자 상상으로 만들지 않는다. 고증과 자문을 받고 존중하며 함께 만든다.

실패하는 K-무속의 함정

함정 1: 신비주의 과장

"한국 무속은 신비한 힘이 있습니다!", "무당은 미래를 보는 능력이 있습니다!", "이것은 마법입니다!" 식의 접근은 실패한다. 서양인들은 이것을 미신이나 사기로 볼 것이다. 진지하게 받아들이지 않는다.

함정 2: 오리엔탈리즘 강화

무속을 '이국적이고 신비로운 동양'의 이미지로 포장하면 오리엔탈리즘을 강화한다. "Mysterious East", "Ancient Asian Magic", "Exotic Korean Rituals" 이런 표현은 서양 중심적인 시각과 사고방식을 재생산하게 된다. 무속을 동등한 문화가 아니라 구경거리로 만든다.

함정 3: 맥락 없는 소비

무속의 겉모습만 빌려와서 상품화하면 문화 도용 비판을 받는다. 예를 들어 무신도 패턴을 프린트한 티셔츠(의미 설명 없이 단순히 예쁘니까 사용)는 존중이 아니라 소비다. 반발을 산다.

함정 4: 종교 논쟁에 휘말림

종교 중립 장치를 제대로 마련하지 않으면 종교 논쟁에 휘말린다. "이것이 진짜 종교인가, 가짜 종교인가?", "이것을 믿어야 하는가, 말아야 하는가?", "이것은 악마 숭배인가?" 이런 논쟁에 들어가면 끝이 없다. 처음부터 "이것은 문화이지 포교가 아니다"라는 선을 명확히 해야 한다.

구체적 콘텐츠 전략

드라마·영화

❶ 무당이 주인공인 현대 판타지 드라마

예: 현대 서울에서 무당으로 살아가는 청년의 이야기(굿을 통해 죽은 자의
한을 풀어주는 에피소드 형식)

❷ 열시왕 세계관 기반 판타지

예: 저승에서 벌어지는 심판과 모험(망자가 열 명의 왕을 만나며 깨달음을 얻
는 여정)

❸ 역사 드라마에 무속 통합

예: 조선시대 무당과 양반의 갈등(실제 역사적 사건에 무속이 개입했던 순간들)

※ 성공 조건

- 캐릭터가 살아 있어야 함(무속은 배경, 캐릭터가 중심)
- 보편적 감정(사랑, 상실, 복수, 용서)을 다룸
- 한국 특수성과 인류 보편성의 균형

웹툰·웹소설

❶ 열시왕을 캐릭터화한 판타지

예: 각 왕의 개성과 배경 스토리, 심판받는 망자들의 다양한 이야기

❷ 현대 무당의 일상

예: 무당이 겪는 황당한 에피소드, 무당이 연루되는 사건들

❸ BL/로맨스

예: 무당과 일반인의 사랑, 저승사자와 무당의 로맨스

※ 성공 조건

- 비주얼이 강해야 함(무신도, 의상, 시왕도 활용)
- 빠른 전개와 강한 훅
- 글로벌 웹툰 플랫폼 활용(Webtoon, Tapas)

게임

❶ 열시왕 던전 RPG

예: 열 개의 지옥을 돌파하는 로그라이크, 각 왕이 보스, 죄목별로 다른 전략 필요

❷ 무당 시뮬레이션

예: 무당이 되어 의뢰를 받고 굿을 함, 선택에 따라 결말이 달라지는 내러티브 게임

❸ 모바일 수집형 게임

예: 다양한 무신, 시왕 캐릭터 수집, 스토리 기반 RPG

※ 성공 조건

- 게임성이 재미있어야 함(무속은 설정, 게임이 중심)
- 글로벌 게이머의 취향 고려
- 적절한 로컬라이제이션

공연·전시

❶ 무무 기반 현대 무용 공연

예: 전통 무무를 현대 무용으로 재해석, 세계 무용 페스티벌 참가

❷ 무속 테마 몰입형 전시

예: 열시왕 세계를 걸어다니며 체험, VR/AR 활용한 인터랙티브 전시

❸ 무가 음악 공연

예: 전통 무가를 현대 음악과 퓨전, 재즈, 일렉트로닉과 결합

※ 성공 조건
- 시각적·청각적 임팩트
- 언어 장벽 극복(비언어적 요소 강화)
- 세계적 공연장·갤러리와 협력

K-무속은 가능한가? 그렇다. 단 조건이 있다. K-무속은 믿게 할수록 실패하고, 이해시킬수록 성공한다.

신앙을 수출하려 하지 말고, 구조를 공유하라. 종교를 포교하려 하지 말고, 문화를 소개하라. 신비주의로 포장하지 말고, 인문학으로 번역하라.

K-무속의 성공 조건은 신앙 강요가 아니라 문화 공유이고, 신비주의가 아니라 인문학적 접근이며, 소비가 아니라 존중이다.

무속은 한국만의 것이 아니라 인류가 공유할 수 있는 지혜다. 죽음과 상실, 트라우마와 치유. 이것은 보편적 경험이다. 한국은

무속이라는 독특한 방법으로 이것을 다루어 왔다.

이 방법을 세계와 공유할 수 있다. 단 강요하지 않고 존중하며 번역 가능한 언어로. 그렇게 할 때 K-무속은 K-팝, K-드라마처럼 세계인의 공감을 얻을 수 있다.

무속을 세계로 내보내는 것은 한국 문화를 자랑하기 위함이 아니다. 인류가 공통으로 겪는 고통을 다루는 또 하나의 방법을 나누기 위함이다. 그것이 진정한 문화 교류다.

무속을 다시 묻는 여정

신을 말하지 않고도 사람을 남길 수 있다.
우리는 오랫동안 무속을 두 가지 방식으로만 이야기해 왔다.
믿거나, 비웃거나.

어떤 사람에게 무속은 절대적인 신비였고,
어떤 사람에게 무속은 낡은 미신이었다.

그러나 이 두 가지 시선 사이에는 하나의 공백이 있었다.
무속을 이해하려는 시선이다.

이 책은 그 공백에서 시작되었다.

무속을 믿으라고 말하기 위해서가 아니다.
무속을 비판하기 위해서도 아니다.
단지 묻기 위해서였다.

무속은 도대체 무엇이었는가.

우리는 그 질문을 따라 오래된 의례와 이야기 속을 걸어왔다.
죽음을 다루는 방식,
재난을 견디는 방식.
사람들이 슬픔을 정리하고 다시 살아가기 위해 만들었던 상징과
서사들을 살펴보았다.

그 과정에서 한 가지 분명해진 사실이 있다.

무속은 신을 설명하는 체계라기보다
사람을 붙잡는 체계에 가까웠다는 점이다.

아이가 갑작스럽게 죽었을 때,
사업이 무너졌을 때,
설명할 수 없는 불안이 삶을 흔들 때.

사람들은 단순한 사실을 필요로 하지 않았다.
사람들은 견딜 수 있는 이야기를 필요로 했다.

무속은 바로 그 이야기를 제공했다.

그 이야기가 과학적으로 옳았는지는 중요하지 않았다.

중요한 것은 사람들이 그 이야기를 통해 다시 살아갈 수 있었다
는 사실이었다.

그래서 무속을 이해한다는 것은
신을 증명하는 일이 아니라
인간을 이해하는 일에 더 가깝다.

사람은 왜 의례를 만드는가.
사람은 왜 상징을 통해 슬픔을 정리하는가.
사람은 왜 혼자서 견디지 못하는 일을 공동체와 함께 견디려고
하는가.

무속은 그 질문에 대한 하나의 오래된 대답이었다.

그러나 이 책이 말하려는 것은
무속을 다시 믿어야 한다는 이야기가 아니다.

우리가 잊어버린 질문을 다시 꺼내 보자는 제안이다.

과학이 발전하고 제도가 정교해졌지만
여전히 설명되지 않는 불안이 있고,
여전히 정리되지 않는 상실이 있다.

사람은 사실만으로 살아가지 않는다.
사람은 의미를 통해 살아간다.

그리고 의미는 종종 이야기와 의례 속에서 만들어진다.

무속은 바로 그 사실을 보여주는 문화였다.

신을 믿지 않아도 굿을 이해할 수 있다.
사후세계를 믿지 않아도 제사의 의미를 읽을 수 있다.

왜냐하면 그 안에 있는 것은 결국
신이 아니라 사람이기 때문이다.

무속을 다시 묻는다는 것은
신을 되살리자는 말이 아니다.

사람을 다시 보자는 말이다.

불안과 상실 앞에서
사람들이 서로를 붙잡기 위해 만들어 온 오래된 방식들을
잠시 멈춰서 다시 바라보자는 제안이다.

어쩌면 우리는 이미 답을 알고 있을지도 모른다.

신을 말하지 않아도
사람을 남길 수 있다는 것.

그리고 그 사실만으로도
어떤 문화는 충분히 의미가 있다는 것.

이 책은 그 가능성에 대해 이야기하고 싶었다.

무속을 다시 묻는 여정은
여기서 끝난다.

그러나 질문은
아마도 이제부터 시작일 것이다.

참고문헌(References) 

이 책은 무속을 신앙의 진위 여부가 아니라 문화적 구조와 사회적 기능의 관점에서 해석하고자 했다. 이를 위해 민속학, 종교학, 인류학, 사회학 분야의 주요 연구를 참고하였다. 아래 문헌들은 무속과 의례, 종교의 사회적 기능을 이해하는 데 중요한 연구들이다.

한국 무속 및 민속신앙 연구

- 김성례, 『한국 샤머니즘의 이해』 민속원, 2003.
- 김열규, 『한국인의 신화』 일조각, 1984.
- 김종대, 『한국 무속의 역사』 민속원, 2010.
- 김태곤, 『한국무속연구』 집문당, 1998.
- 서대석, 『한국무속신화 연구』 집문당, 1980.
- 장주근, 『한국의 민간신앙』 집문당, 1995.
- 조흥윤, 『한국의 샤머니즘』 서울대학교출판부, 1999.
- 최길성, 『한국 무속 연구』 민속원, 2002.

종교학·인류학 이론

- Bell, Catherine. Ritual Theory, Ritual Practice. Oxford: Oxford University Press, 1992.
- Durkheim, Émile. The Elementary Forms of Religious Life. New York: Free Press, 1912.
- Eliade, Mircea. Shamanism: Archaic Techniques of Ecstasy. Princeton: Princeton University Press, 1964.
- Geertz, Clifford. The Interpretation of Cultures. New York: Basic Books, 1973.
- Turner, Victor. The Ritual Process: Structure and Anti-Structure. Chicago: Aldine Publishing, 1969.
- Van Gennep, Arnold. The Rites of Passage. Chicago: University of Chicago Press, 1909.

한국 무속의 사회적 연구

- Baker, Donald. Korean Spirituality. Honolulu: University of Hawai'i Press, 2008.
- Kendall, Laurel. Shamans, Housewives, and Other Restless Spirits. Honolulu: University of Hawaii Press, 1985.
- Kim, Chongho. Korean Shamanism: The Cultural Paradox. Aldershot: Ashgate, 2003.